LIZHI XIAOYU

励志小语

《励志小语》编写组 编

南京出版传媒集团
南京出版社

图书在版编目(CIP)数据

励志小语 /《励志小语》编写组编. -- 南京：南京出版社，2019.3

ISBN 978-7-5533-2528-6

Ⅰ.①励… Ⅱ.①励… Ⅲ.①格言—汇编—世界 Ⅳ.①H033

中国版本图书馆 CIP 数据核字(2019)第 036501 号

书　　名：励志小语
编　　者：《励志小语》编写组
出版发行：南京出版传媒集团
南 京 出 版 社
社址：南京市太平门街 53 号　　邮编：210016
网址：http://www.njcbs.cn　　电子信箱：njcbs1988@163.com
天猫 1 店：https://njcbcmjtts.tmall.com
天猫 2 店：https://nanjingchubanshets.tmall.com
联系电话：025-83283893、83283873(营销)　025-83112257(编务)

出 版 人：项晓宁
出 品 人：卢海鸣
责任编辑：吕　睿
装帧设计：张　淼
责任印制：杨福彬

排　　版：南京布克文化发展有限公司
印　　刷：常州市武进第三印刷有限公司
开　　本：787 毫米×1092 毫米　1/16
印　　张：7.25
字　　数：150 千字
版　　次：2019 年 3 月第 1 版
印　　次：2019 年 3 月第 1 次印刷
印　　数：5000 册
书　　号：ISBN 978-7-5533-2528-6
定　　价：25.00 元

天猫1店　天猫2店

前言

在浩瀚的历史长河中，人类文明经历了无数的转折点，而在每一个转折点，都有着那么一群人，一群出类拔萃的先驱者推动着历史的进程。在其时，他们的观点、他们的言论、他们的声音可能被当做是异类邪说，但是他们依靠着超乎常人的毅力和坚定的信念坚持下来，最终被历史所铭记。

本书收录了部分中外名人的名言，这些话语虽然简洁，但是寓意深刻，有的是告诉你为人处世的方法；有的则是在你遇到挫折时帮你重拾信心的“励志谚语”。名言的意义远不止其表面上的那么简短，它们有的告诉你要勇往直前，有的则告诉你要谨言慎行，有的告诉你要不畏强权，有的则告诉你要热爱生活，不同的名言给人以不同的人生启示，在人生道路上迷惘时，不如停下来读读名言，或许就那么一行短话，就能给你指明前路，给你再出发的动力。

先人虽然已去，但他们留下的这些精神遗产值得我们去学习、去体会，让我们一同通过本书来体验名人名言的魅力吧！

编者

2019.2

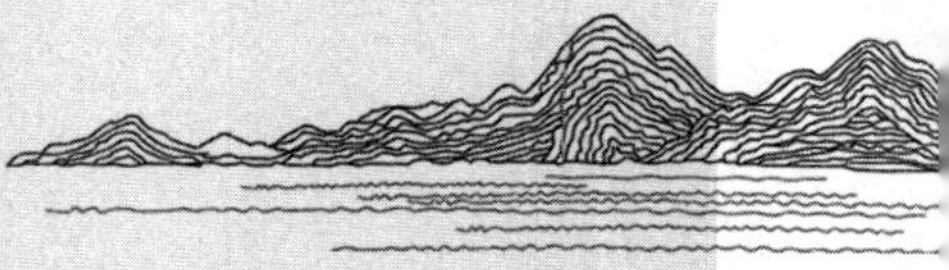

目录

第一章 警世格言

做有意义的事情，其本身就是对生活的享受。

——卢 梭

没有运动，生活就是昏睡。

——卢 梭

生活有个明确的目标就能使人幸福。

——马明·西比利亚克

生活越紧张，越能显示人的生命力。

——恩格斯

没有目标而生活，恰如没有罗盘而航行。

——康 德

生活是没有观众的。

——伏契克

生活是一场战争，一切权利属于胜利者！

——罗曼·罗兰

谁要是不会爱，谁就不能理解生活。

——高尔基

必须在生活中寻求支柱！要是没有这个支柱，即使没有疑问，生活也会过得腻烦的。

——冈察洛夫

生活就是用斗争、探索、操劳的火燃烧自己。

——维尔哈伦

最可怕的敌人，就是没有坚强的信念。

——罗曼·罗兰

青年人的特点就在于他们抱有理想事业的宏大志愿。

——加里宁

青年时犯错误，成年时同错误进行斗争，老年时为错误而惋惜。

——迪斯雷利

人生前四十年提供课文，后三十年是讲评。

——叔本华

晨思、昼行、晚餐、夜眠。

——布莱克

人，可以摧毁，但不能被打败。

——海明威

注重内心，别在意显现的外表。

——伊　索

平坦的道路上，往往有人摔跤，因为他们很少留心生活的坎坷。

——席　勒

生活本身既不是祸，也不是福，它是祸福的容器，就看人自己把它变成什么。

——蒙　田

歌声就是生活，没有歌声就没有生活，犹如地球上没有太阳一样。

——伏契克

生活得最有意义的人，并不就是年岁活得最大的人，而是对生活最有感受的人。

——卢　梭

生活不是苦难，也不是享乐，而是我们应当为之奋斗并坚持到底的事业。

——托克维尔

我从来不把安逸和快乐看作是生活目标本身——这种伦理基础，我叫它猪栏的理想。

——爱因斯坦

生活最沉重的负担不是工作而是无聊。

——罗曼·罗兰

有所作为是生活中的最高境界。

——恩格斯

生活的意义在于美好，在于向往目标的力量。应当使生活的每一个瞬间都具有崇高的目的。

——高尔基

幽默是生活波涛中的救生圈。

——拉　布

我们的生活似乎都不容易，但是那有什么关系？我们应该有恒心，尤其要有自信力！

——居里夫人

在谈判遇到困难时，不要急于求成，以至希望播种之后立刻有收获。应该耐心等待时机，以便采撷到成熟的果实。

——培　根

即使是生活中最黯淡的时候，也一样找得到心灵的安慰……生活不会没有补偿，希望和信念敞开着心扉，更有那爱情和友谊，悄无声息地左右追随。

——斯特朗

人之求多闻善败，以鉴戒也。

——《国语·楚语》

最先朝气蓬勃地投入新生活的人，他们的命运是令人羡慕的。

——马克思

要前进，永远前进，跟随永不停息的生活前进。

——佐　拉

谁能以深刻的内容充实每个瞬间，谁就是在无限地延长自己的生命。

——库尔茨

幸运和爱与勇士同在。

——奥维德

有勇气主宰自己命运的人才是英雄。

——海　赛

应该相信，自己是生活的战胜者。

——雨　果

如果一个人被判定在海中淹死，可能反而为其生命限定一个有利的范围，保证他永远也不冒险离开陆地。

——欧内斯特·布拉默

好运与厄运在我看来是两种统治力量，以为人类智慧能够扮演命运女神的角色未免愚蠢。

——蒙　田

命运变化如月亮的阴晴圆缺，无损智者大雅。

——富兰克林

我是我命运的主人，我是我心灵的主宰。

——赫里克

命运之神在关闭一扇门的同时也打开了另一扇门。

——法国谚语

命运不是一只雄鹰，它像耗子那样爬行。

——伊丽莎白·鲍恩

没有喜悦的人生，是没有油的灯。

——司各特

如果享受工作的乐趣，那么人生是天堂。

——高尔基

人类幸福的两大敌人是痛苦和无聊。

——叔本华

只有那些不仅仅为了自己的幸福，也能为他人的幸福而出力的人，才能得到真正的幸福。

——池田大作

无论是帝王还是百姓，在自己家里能找到幸福的人为最幸福。

——歌　德

最大的幸福在于我们的缺点得到纠正，我们的错误得到补救。

——歌　德

幸福的根源在于知识。

——佐　拉

人类的一切努力的目的在于获得幸福。

——欧　文

遵照道德准则生活就是幸福的生活。

——亚里士多德

愿你们每天愉快地过着生活，不要等到日子过去了才找出它们的可爱之点，也不要把所有特别合意的希望都放在未来。

——居里夫人

使人幸福的不是体力，也不是金钱，而是正义和多才。

——德谟克利特

幸福并不在金币挥霍的房屋底下。

——巴尔扎克

人的永恒的幸福不在于得到任何东西，而在于献身于自身更伟大的事业。

——泰戈尔

迎头搏击才能前进。勇气减轻了命运的打击。

——德谟克里特

幸运并非没有许多的恐惧与烦恼；厄运也并非没有许多的安慰与希望。

——培　根

灾难本身即是一剂良药。

——考　柏

幸运固然令人羡慕，但战胜逆境则令人敬佩。

——塞涅卡

一切幸福都并非没有烦恼，而一切逆境也决非没有希望。

——培　根

不识坎离颠倒，谁能辨，金木沉浮。

——吕　岩

宁知霜雪后，独见松竹心。

——江　淹

不有百炼火，孰知寸金精。

——孟　轲

朔风悲老骥，秋霜动鸷禽。

——刘禹锡

不经一番寒彻骨，怎得梅花扑鼻香。

——冯梦龙

逆境长存戒心，故以之成君子；顺境易生放心，故以之陷小人。

——申居郧

杜若及时荣，雪松自言青；岁寒有颜色，终让尔世馨。

——吴嘉纪

棘中之兰，其花更硕茂矣。

——郑板桥

天若无霜雪，青松不如草。地若无山川，何人重平道。

——《诗人玉屑》

最强烈的影响环境，尤其影响孩子的，莫过于父母丧失活力的生活。

——荣 格

父亲们最根本的缺点，就是要孩子替他们争气。

——罗 素

对待儿童应该诚实。要善于告诉他们：我们做父亲的，有些东西现在还不懂得，你们，孩子们，你到这个世界上来，是为了知道一切。

——高尔基

我们体贴老人，要像对待孩子一样。

——歌 德

幸福的家庭都相仿，不幸的家庭却各有不幸之处。

——托尔斯泰

还有什么比父母心中蕴藏着的情感更为神圣的呢？父母的心，是最仁慈的法官，是最贴心的朋友，是爱的太阳，它的光焰照耀温暖着凝集在我们心灵深处的意向！

——马克思

父亲保持沉默的事会由儿子道出；我时常发现儿子揭露了父亲的秘密。

——尼　采

家虽寒酸，却哪儿也比不上家。

——佩　恩

成了家，就有了牵挂。

——培　根

儿童固有的天性是追求光辉的和不平凡的事物。

——高尔基

智慧之子使父亲欢乐，愚昧之子使母亲蒙羞。

——所罗门

一个深受母亲疼爱的人会终生保持一种征服者的感情，他对于成功的坚信不疑时常会导致真正的成功。

——弗洛伊德

允许孩子们以他们自己的方式获得快乐，难道还有比这更好的方法吗？

——塞缪尔·约翰逊

人们很少在一个小男孩身上看见一个男子的希望，但总是在一个小女孩身上看见一个女子的威胁。

——小仲马

从某种意义上说，孩子们所展示的不过是平淡的想象力。创作儿童故事的恰恰是成人，所有孩子却小心翼翼地保护着自己的课本。

——史蒂文生

我们不能按照自己的观念塑造孩子；我们必须爱他们，任他们的天性自然发展。

——歌　德

我们为孩子的美丽和幸福感到极大的欢乐，这欢乐使我们的心灵博大到躯壳难以容纳的程度。

——爱默生

放任自由是把孩子当作成人对待的主要原则，是使他们永远不能长大成人的手段。

——托马斯·萨斯

有些你以为坏的东西或许会引发你孩子的才能，有些你以为好的东西或许会使这些才能窒息。

——夏多布里昂

相比之下，你将要建立的家庭，比你出身的那个更重要。

——拉德纳

治家严，家乃和；居乡愁，乡乃睦。

——王　豫

虽然婴儿没有防御能力，但他们有任由他们支配的母亲，有保护他们母亲的家庭，有支撑家庭结构的社会，还有赋予整人培养和训练体系以文化延续性的传统。

——埃里克·埃里克松

我们幼年的模仿，使我们学到了父母的激情——即使是在这些激情毒害我们生活之时。

——司汤达

离家出走的人，前途茫茫路漫漫。

——欧洲谚语

爱子不教，犹饥而食之以毒，适所以害之也。

——申涵煜

欲得儿孙孝，无过教及身。一朝千度打，有过更须嗔。

——王梵志

父子不信，则家道不睦。

——武则天

孝于亲则子孝，钦于人则众钦。

——林　逋

孝子之至，莫大乎尊敬尊亲之至，莫大乎以天下养。

——孟　子

子弟少年知识方开，须以端谨长厚养其心，为一生人品根基。

——申居郧

……父母对于子女，应该健全的产生，尽力的教育，完全的解放。

——鲁　迅

谁言寸草心，报得三春晖。

——孟　郊

孩子是要别人教的，毛病是要别人医的，即使自己是教员或医生。

——鲁　迅

无情未必真豪杰，怜子如何不丈夫。

——鲁　迅

所生的子女，固然是受领新生命的人，但他也不永久占领，将来还要交付子女，像他们的父母一般。只是前前后后，都做一个过付的经手人罢了。

——鲁　迅

儿不嫌母丑，犬不嫌主贫。

——徐　哑

有了家当然应该爱家，这是人之常情。

——徐特立

老的树最好烧，老的马最好骑，老的书最好读，老的酒最好喝，老的朋友最可信赖。

——莱　特

亲善产生幸福，文明带来和谐。

——雨　果

有些人爱的是与自己相似的人，并且去寻求这种人；还有些人爱的是与自己相反的人，并且步其后尘。

——歌　德

如果我们从交往中学会了如何生活，那么孤独将教会我们如何死亡。

——拜　伦

在欢乐时，朋友们会认识我们；在患难时，我们会认识朋友。

——柯林斯

一个人不应该与被财富摧毁的人交接来往……

——居里夫人

人之相知，贵相知心啊！

——巴尔扎克

“朋友”有时是一个缺乏意义的词汇，而“敌人”却不是这样。

——雨　果

幸运和欢乐需要我们的服务——不，我们将是您的朋友。社会虽没有这么说，但这却是它的行为准则。

——布莱辛顿夫人

我们中没几个人在与这个世界结成联盟之前认识它，这真是件幸事。

——伊丽莎白·鲍恩

在业务的基础上建立的友谊，胜过在友谊的基础上建立的业务。

——约翰·洛克菲勒

凡是不为自己工作的人都是辛苦的。一个人为他人工作，为的是使他们分享他的欢乐。

——歌　德

切莫把争取来的特权当作天然的权利。

——丘顿·柯林斯

我们并不要求别人完美无缺；我们只要求他们的缺点不要妨碍我们。

——西贝尔·加布里埃勒·德·米拉博

群体由我们每一个人组合而成。究竟谁能出人头地，全凭机遇。

——亨利·德蒙泰朗

微笑无需成本，却创造出许多价值。

——斯提德

一个人的理解力越强，就越能发现别人的新颖独到之处。普通人找不出人与人之间的任何差异。

——帕斯卡

最容易犯错误的，是那些仅仅根据自己的想法去行动的人。

——利维纳格

一旦我们在世界上吸引了足够的注意，在其中扮演一个角色，我们顿时就像一个球一样滚动起来，而且从此再无停歇。

——利　涅

没有必要在每个人面前显露你的才能。

——格拉西安

连一个好朋友都没有的人，根本不值得活着。

——德谟克里特

朋友的每一次背信弃义都增加了几分我们对于金钱威力的依赖。

——威廉·申斯通

如果你想在这个世界上获得成功，当你进入某个沙龙时，你必须让你的虚荣心向别人的虚荣心致敬。

——让莉斯夫人

友谊永远是美德的辅佐。

——西塞罗

如果你能服从某人的雅趣，那么他也会服从你的兴味。

——爱德华·布尔沃·利顿

有些人的“不”，要比其他人的“是”更值得珍视，因为流金溢彩的“不”，要比干巴巴的“是”更令人满意。

——格拉西安

要有光，太阳的光是不够的，还要有心灵的光。

——罗曼·罗兰

大量的友谊使生命坚强。爱与被爱是生活中最大的幸福。

——西德尼·史密斯

智慧，友爱，这是照亮我们的黑夜的唯一光亮。

——罗曼·罗兰

好脾气是一个人在社交中所能穿着的最佳服饰。

——都　德

值得信任的人决不会乞求获得信任。

——丘顿·柯林斯

你认为一个人值得奉承，那就是真正地奉承了他。

——肖伯纳

为了不在空虚的苟且偷安中生活得碌碌无为，来吧，让我们一起走向坎坷不平的遥远征途。

——马克思

不要去同那些没有任何东西可失去的人竞争。

——格拉西安

从不与同伴发生争执的人，对人类感情知之甚少。

——亚当·弗格森

人生最美好的东西就是同别人的友谊。

——林　肯

一个人的自我尊严感深藏在心中是值得钦佩的，在公之于众时则是荒谬可笑的。

——拉罗什富科

合意的朋友千金难买。

——蒙　田

世间最美好的东西，莫过于有几个头脑和心地都很正直的严正的朋友。

——爱因斯坦

一个朋友的益处比水与火更令人愉快和不可缺少。

——蒙　田

衣服新的好，朋友旧的好。

——莎士比亚

得不到友谊的人将是终身可怜的孤独者。没有友情的社会则只是一片繁华的沙漠。

——培　根

耐心和持久胜过激烈和狂热。

——拉封丹

要这样生活：使你的朋友不致成为仇人，而使你的仇人却成为朋友。

——毕达哥拉斯

对朋友让步就是得胜。

——索福克勒斯

谈到名声、荣誉、快乐、财富这些东西，如果同友情相比，它们都是尘土。

——达尔文

友谊只能在实践中产生并在实践中得到保持。感情，不，应当说爱本身是根本无助于友谊的。

——歌　德

管住你的舌头，就能保持你的朋友。

——乔　叟

改变你的兴趣，但不要更换你的朋友。

——伏尔泰

友谊对于人生，真像炼金术士所要寻找的那种“点金石”。它能使黄金加倍，又能使黑铁成金。

——培　根

没有什么东西比同志的爱更神圣了！

——果戈理

苟得其心万里犹近，苟失其心同衾为远。

——徐　干

山河不足重，重在遇知己。

——鲍　容

丈夫会应有知己。

——张　谓

人生贵相知，何用金与钱？

——李　白

今古惟称知己少，驱山塞海事无难。

——俞大猷

合意客来心不厌，知音人听话偏长。

——冯梦龙

古交如真金，百炼色不回。

——贯 休

斯贤达之素交，历万古而一遇。

——刘 峻

势利之交，难以经远。

——陆 机

有朋自远方来，不亦乐乎？

——《论语·学而》

兰艾不同香，自然难为和。

——孟 郊

有非常之人，然后有非常之事。有非常之事，然后有非常之功。

——司马相如

相逢何必曾相识。

——白居易

万人丛中一握手，使我衣袖三年香。

——龚自珍

交得其道，千里同好，固于胶漆，坚于金石。

——谯 周

人生乐在相知心。

——王安石

画虎画皮难画骨，知人知面不知心。

——关汉卿

与君远相知，不道云海深。

——王昌龄

始交不慎，后必成仇。

——申居郧

请君试问东流水，别意与之谁短长？

——李　白

天涯何处无芳草。

——苏　轼

独在异乡为异客，每逢佳节倍思亲。

——王　维

人伴贤良智转高。

——秦简夫

钓鱼须钓海上鳌，结交须结扶风豪。

——袁　枚

非诚心款契，不足以结师矣。

——《抱朴子·微子》

凡弈棋与胜己者对，则日进；与不如己者对，则日退。

——申涵光

浅近轻浮莫与交，地卑只解生荆棘。

——贯　休

一死一生，乃知交情；一贫一富，乃知交态。

——刘　向

朋而不心，面朋也；友而不心，面友也。

——杨　雄

善人同外，则日闻嘉训；恶人从游，则日生邪情。

——《后汉书·受延列传》

近朱者赤，近墨者黑。

——傅　玄

君子与君子以同道为朋，小人与小人以同利为朋。

——欧阳修

受人之恩，绝口不言，少不如意，怨恨不已，此等人岂可为友？

——申居郧

道远知骥，世伪知贤。

——曹　植

有情不管别离久，情在相逢终有期。

——晏几道

与朋友交，只取其长，不计其短。

——李　煜

贫游不可忘，久交念敦敬。

——鲍　照

友如作画须求淡，山似论文不喜平。

——翁朗夫

人生结交在终始，莫以升沉中路分。

——贺兰进明

多士之林，不扶自直。

——杨　炯

我自讳过，安得有直发；我自喜谀，安得无佞人。

——申居郧

君有奇才我不贫。

——郑板桥

爱而不知其恶，憎而遂忘其善。

——吴　兢

恶人相远离，善者近相知。纵使天无雨，阴云自润衣。

——王梵志

路遥知马力，日久见人心。

——杂剧《净报恩》

海内存知己，天涯若比邻。

——王　勃

始信淡交宜久远，与君转老转相亲。

——白居易

味甘终易坏，岁晚还知，君子之交淡如水。

——辛弃疾

鹅毛赠千里，所重以其人；鸭脚虽百个，得之诚可珍。

——欧阳修

莫愁前路无知己，天下谁人不识君？

——高　适

君子因誉而情疏，因诤而友密。

——崔敦礼

其曲弥高，其和弥寡。

——宋　玉

惮势而交人，势劣而交道息；希利而友人，利薄而友道退。

——皮日休

衣冠不正，朋友之过。

——崔　灏

人生得一知己足矣，斯世当以同怀视之。

——鲁　迅

与有肝胆人共事，从无字句处读书。

——周恩来

我们的友情，是生活的结晶，比宝石还要纯净，比黄金还要珍贵。

——中国谚语

友情在过去的生活里，就像一盏明灯照彻了我的灵魂，使我的生存有了一点点光彩。

——巴　金

君子交有义，不必常相从。

——郭遐叔

朋友之情，实在是一切人情的基础。“朋，同类也。”并育于大地上的人，都是同类的朋友，共为大自然的女儿。

——丰子恺

“朋友是同一个灵魂寄在两个躯壳中”，那灵魂愈伟大，则所寄托的躯壳愈多，就是朋友愈众。

——徐懋庸

朋友一伦，才是人伦之首。

——徐懋庸

责己严于友。

——董必武

沉默容易使人跟朋友疏远。热烈的叙说和自白则使人们互相接近。

——巴　金

病知新事少，老别故交难。

——崔　涂

斯贤达之素交，历万古而一遇。

——刘　峻

惟当同心人，可与论金铁。

——顾图河

人生所贵在知己，四海相逢骨肉亲。

——《雁门集·留别同年索士岩经历》

百年心知同，谁限河南北？

——姚　合

投我以木瓜，报之以琼琚。匪报也，永以为好也。

——《诗经·木瓜》

交疏自古戒言深，肝胆徒倾致铄金。

——司空图

不思而立言，不知而定交，吾其惮也。

——皮日休

以恕己之心恕人，则全交。

——林　逋

出门择交友，防慎畏薰莸。

——范　质

坦途在前，人又何必为了一点小障碍而不走路呢？

——鲁　迅

坐中无知音，安得有神详。

——孟云卿

畏友胜于严师。

——申涵光

小人无朋，唯君子则有之。其故何哉？小人所好者禄利也，所贪者财货也。

——欧阳修

爱情是纯洁的……爱吧，但要爱得不越轨……

——拜　伦

任何时候为爱情付出的一切都不会白白浪费。

——塔　索

友谊有可能，也常常发展成爱情，爱情却永远不会降格为友谊。

——拜　伦

我宁肯为我所爱的人的幸福而千百次地牺牲自己的幸福。

——卢　梭

爱叫懦夫变得大胆，却叫勇士变成懦夫。

——莎士比亚

爱和炭相同，烧起来得想办法叫她冷却，不然会把一颗心烧焦。

——莎士比亚

爱情是兴致勃勃的外来客，是外来的自我。

——爱默生

人不是仅仅为了爱而生存的；难道男人的全部目标就是为了控制某一个女子，而女子的全部目标就是为了左右某一个男子吗？从来不是！

——赫尔岑

爱情是一种战争。

——奥维德

在爱情上，一切都是真的，一切都是假的。在这个问题上，谁也不会显得荒谬。

——尚福尔

爱情的特性既使我们更怀疑，又使我们更轻信。与对其他人的态度相比，我们更容易怀疑自己的恋人，但也更容易相信她的表白。

——马塞尔·普鲁斯特

恋爱中的女子，若为报复，她会比男子更粗野。

——尼 采

爱情是一位伟大的导师，教会我们重新做人。

——莫里哀

有些花朵虽美丽却并不芬芳；有些女人虽美丽却并不可爱。

——乌埃雷

夫妻的爱，使人类繁衍。朋友的爱，给人以帮助。但那荒淫纵欲的爱，却只会使人堕落毁灭啊！

——培 根

一本正经谈恋爱的根本不是恋人。

——哈 代

谈恋爱是好的，但必须是真正的爱情，因为真正的爱情可以使一个人崇高……最不可容忍的是无聊的打情骂俏，它会使你堕落，陷入庸俗的氛围。

——斯坦尼斯拉夫斯基

自私是一种容易激发爱情的品格。

——纳撒尼尔·霍桑

短暂的离别会促进爱情，长久的分离却会将它扼杀。

——夏尔·德·圣埃弗雷芒

玩笑中不同的趣味是对爱慕之情的严峻考验。

——乔治·爱略特

失恋总比从来不曾恋爱要强。

——丁尼生

爱情虽盲目，却能看得很远。

——意大利谚语

爱情似火焰，没有持续的运动就无法生存。一旦停止希望或恐惧，它就会立刻熄灭。

——拉罗什富科

希望了解和重新体验他人的童年生活，这是一种明确无误的爱的信号。

——切萨雷·帕韦泽

爱情是不可以强求的……

——列　宁

爱情永远不会饿死，倒是往往难以消化。

——法国谚语

爱情就像财富，有赖于命运之轮，它始终处于剧烈的上下颠簸之中。

——范布勒

与其嫁一个有钱老头，不如爱一个无名小子。

——英国谚语

一次偶然的失约，偶然谢绝晚餐邀请，一次无意的苛刻，要比世界上一切化妆品和华丽衣衫都更有魅力。

——马塞尔·普鲁斯特

在一对恋人的心目中，爱人的名字高于一切。

——疾尔特·本耶明

爱情试图逃离自己，混入自己牺牲品的行列，正如战胜的民族让自己和被征服者融为一体——同时却依旧保留征服者的特权一样。

——波德莱尔

只有驱使人以高尚的方式相爱的那种爱神才是美，才值得颂扬。

——柏拉图

你应该考虑在结婚以前成为一个成熟的人，而且无论对你或对她来说是长期的考验。

——马克思

爱情的悲剧在于冷漠。

——毛　姆

两个灵魂合一，两颗爱心相印。

——谚　语

希望越淡，爱情越浓。

——谚　语

一旦某位女士向你奉上了她的心，你绝不能够摆脱她其余的一切。

——范布勒

人生是花，而爱便是花的蜜。

——雨　果

人们常说，对一个男人指出他情人的缺点，只能加深他对她的依恋，因为他并不相信你；然而，假如他信了你，他会更加沉湎于对她的依恋！

——马塞尔·普鲁斯特

爱之愉悦就在于爱，我们感受到的激情比我们唤起的激情更令我们幸福。

——拉罗什富科

意见和感情的相同，比之接触更能把两个人结合在一起；这样子，两个人尽管隔得很远，却也很接近。

——柴可夫斯基

如果从表面效果来判断，爱情与其说像友谊不如说像仇恨。

——拉罗什富科

爱情有温柔，也有狂暴。

——莫里哀

谁不能控制邪欲，谁就把自己摆在畜生行列。

——达·芬奇

我必将勇敢地追随我的命运，举眼眺望比一个女人的爱情还要高超的地方。

——巴尔扎克

通常，背叛爱情的一方总处于两人中的优越地位，蒙辱的是遭背叛的一方。

——埃达·莱弗森

保持一群不断猜测的恋人，要比保持一个不再猜测的恋人更容易。

——海伦·罗兰

自由恋爱有时是爱情，但永远不是自由。

——伊丽莎白·比贝斯科

空想是懒散、无望和不完美的情人作出的可怜退却。

——康格里夫

通往女人爱情的所有道路中，怜悯是最坦直的一条。

——德莱顿

爱就是充实了的生命，正如盛满了酒的酒杯。

——泰戈尔

男人并不是因为一个女人“神秘”而朝思暮想，他断言她“神秘”是因为他想证明自己的朝思暮想合情合理。

——亨利·德·蒙泰朗

夺走闲暇，丘比特的箭就会折断。

——奥维德

当你感觉到自己爱上一位女子时，你应该问自己，“她与什么样的人交往，她过着一种什么样的生活？”你未来的全部幸福都存在于这个问题的答案之中。

——阿尔弗雷德·德·维尼

爱是真正促使人复苏的动力。

——歌　德

“爱”使人安乐舒畅，就好像雨后的太阳，我们在处理恋爱时应当是自觉的，思想健康的，对自己负责的人，这样就不会演出爱情的悲剧了。

——马卡连柯

在爱情中永远没有精神的安宁：因为一方已经占据的优势不过是进一步欲望的新起点。

——马塞尔·普鲁斯特

财富再多也抵不上爱情。

——利德盖特

白发老翁不会给红颜少女带来幸福。

——英国谚语

爱能使世界转动。

——狄更斯

如果我们没有爱过头，说明我们爱得不够。

——比西·拉布丹

一切真正伟大的人物，没有一个是因爱情而发狂的人。因为伟大的事业抑制了这种软弱的感情。

——培　根

去“爱”你绝对熟悉的某人某物是不可能的。爱总是被引向那些隐藏着秘密的地方。

——瓦莱里

如果你在恋爱，但没有引起对方的反应，也就是说，如果你的爱作为爱没有引起对方的爱，如果你作为恋爱者通过你的生命表现没有使你成为被爱的人，那么你的爱就是无力的，就是不幸。

——马克思

爱情削减女人娇气，增添男人骄气。

——里克特

生命从世界得到资产，爱情使它得到价值。

——泰戈尔

为恋爱所征服的人总是无羞耻的。

——伊　索

生命因为付出了爱情而更为富足。

——泰戈尔

志气是抗拒爱情的唯一力量。

——瑟　伯

真正的爱情是表现在对他的偶像采取含蓄、谦恭甚至羞涩的态度，而绝不是表现在随意流露热情和过早的亲昵。

——马克思

那些不懂得热恋的男人，或许反而能最敏锐地感受到美的魅力。至少这是女人能对他们产生的最强烈的印象。

——司汤达

或许伟大的爱情永远得不到回报。

——达格·哈马舍尔德

对面不相识，千里却同风。

——释普济

多情者必好色，而好色者未必尽属多情。

——张　潮

真挚的持久的爱情，不是“一见倾心”，因为相互的全面的了解，思想观点的协和，不是短时期能达到的，必须经过相当的时期才能真正了解，才能实际地衡量双方的感情。

——邓颖超

第二章 至理名言

夫志当存高远，慕先贤，绝情欲，弃疑滞，使庶几之志，揭然有所存，恻然有所感；忍屈伸，去细碎，广咨问，除嫌吝，虽有淹留，何损于美趣，何患于不济。若志不强毅，意不慷慨，徒碌碌滞于俗，默默束于情，永窜伏于平庸，不免于下流矣。

——诸葛亮

夫学须志也，才须学也，非学无以广才，非志无以成学。

——诸葛亮

每一个人要有做一代豪杰的雄心斗志！应当做个开创一代的人。

——周恩来

三军可夺帅也，匹夫不可夺志也。

——孔　丘

有志者事竟成也！

——刘　秀

志不立，天下无可成之事。

——王阳明

古之立大事者，不惟有超世之才，亦必有坚忍不拔之志。

——苏　轼

燕雀安知鸿鹄之志。

——司马迁

战士自有战士的抱负：永远改造，从零出发；一切可耻的衰退，只能使人视若仇敌，踏成泥沙。

——郭小川

人无善志，虽勇必伤。

——《淮南子》

坚志者，功名之主也。不惰者，众善之师也。

——《抱朴子》

人患志之不立，亦何忧令名不彰邪？

——刘义庆

大丈夫处世，当扫除天下，安事一室乎！

——《后汉书》

大丈夫当雄飞，安能雌伏？

——《后汉书》

水激石则鸣，人激志则宏。

——秋　瑾

不登高山，不知天之大；不临深谷，不知地之厚也。

——荀　况

会当凌绝顶，一览众山小。

——杜　甫

面对悬崖峭壁，一百年也看不出一条缝来，但用斧凿，能进一寸进一寸，得进一尺进一尺，不断积累，飞跃必来，突破随之。

——华罗庚

学者须先立志。今日所以悠悠者，只是把学问不曾做一件事看，遇事则且胡乱地打过了，此只是志不立。

——朱　熹

立志是读书人最要紧的一件事。

——孙中山

志不可一日坠，心不可一日放。

——王　豫

骐骥一跃，不能十步；驽马十驾，功以不舍。

——荀　况

锲而舍之，朽木不折；锲而不舍，金石可镂。

——荀　况

志不真则心不热，心不热则功不紧。

——颜　元

立志在坚不欲说，成功在久不在速。

——张孝祥

志不立，如无舵之舟，无衔之马，漂荡奔逸，何所底乎？志不立，天下无可成之事。虽百工技艺，未有不本于志者。

——《训俗遗规》

人品、学问，俱成于志气，无志气人，一事做不得。

——申居郧

咬定青山不放松，立根原在破岩中。千磨万击还坚韧，任尔东西南北风。

——郑板桥

凡事都要脚踏实地去作，不驰于空想，不骛于虚声，而唯以求真的态度作踏实的工夫。以此态度求学，则真理可明，以此态度做事，则功业可就。

——李大钊

一日一钱，千日千钱，绳锯木断，水滴石穿。

——班　固

欲速则不达，见小利则大事不成。

——《春秋》

虽有天下易生之物也，一日曝之，十日寒之，未有能生者也。

——孟　轲

正路并不一定就是一条平平坦坦的直路，难免有些曲折和崎岖险阻，要绕一些弯，甚至难免会误入歧途。

——朱光潜

忧劳可以兴国，逸豫可以亡身，自然之理也。

——欧阳修

白首壮心驯大海，青春浩气走千山。

——林伯渠

愿相会于中华腾飞世界时。

——周恩来

青年人首先要树雄心，立大志，其次就要决心为国家、人民做一个有用的人才；为此就要选择一个奋斗的目标来努力学习和实践。

——吴玉章

性痴则其志凝。故书痴者文必工，艺痴者技必良。世之落拓而无成者，皆自谓不痴者也。

——蒲松龄

子曰："志于道，据于德，依于仁，游于艺。"

——《论语》

无冥冥之志者，无昭昭之明，无惛惛之事者，无赫赫之功。

——荀　况

天行健，君子以自强不息。

——《易经》

志之难也，不在胜人，在自胜。

——《韩非子》

人若志趣不远，心不在焉，虽学无成。

——张　载

饱食终日，无所用心，难矣哉。

——《论语·阳货》

生当作人杰，死亦为鬼雄，至今思项羽，不肯过江东。

——李清照

人生活的世界上好比一只船在大海中航行，最重要的是要辨清前进的方向。

——潘　菽

任何职业都不简单，如果只是一般地完成任务当然不太困难，但要真正事业有所成就，给社会做出贡献，就不是那么容易的，所以，搞各行各业都需要树雄心大志，有了志气，才会随时提高标准来要求自己。

——谢觉哉

莫教桑麻困后人，浮云富贵不如贫，男儿志在安天下，破旧山河再造新。

——杨　超

把意念深潜得下，何理不可得，把志气奋发起，何事不可做。

——吕　坤

进则安居以行其志，退则安居以修其所未能，则进亦有为，退亦有为也。

——张养浩

心不清则无以见道，志不确则无以定功。

——林　逋

一个有志气的人，他为之奋斗的目标应该是远大的，高尚的，而绝不是被私利障住眼睛的懦夫。

——殷庆功

将相本无主，男儿当自强。

——汪 洙

有志不在年高，无志空活百岁。

——石玉昆

天下兴亡，匹夫有责。

——顾炎武

画工须画云中龙，为人须为人中雄。

——秋 瑾

生命是以时间为单位的，浪费别人的时间等于谋财害命；浪费自己的时间，等于慢性自杀。

——鲁 迅

今是生活，今是动力，今是行为，今是创作。

——李大钊

时间是一位可爱的恋人，对你是多么的爱慕倾心，每分每秒都在叮嘱：劳动，创造！别虚度了一生！

——于 沙

丢失的牛羊可以找回；但是失去的时间却无法找回。

——乔 叟

黄河走东溟，白日落西海，逝川与流光，飘忽不相待。

——李 白

时间是由分秒积成的，善于利用零星时间的人，才会做出更大的成绩来。

——华罗庚

余生平所作文章，多在三上：乃马上，枕上，厕上也。

——欧阳修

天地最有情，少年莫浪投。

——陈　毅

逝者如斯夫，不舍昼夜。

——孔　丘

丝染无复白，鬓白无重黑，努力爱青春，一失不再得。

——旋国章

所虑时光疾，常怀紧迫情，蹒跚行步慢，落后最宜鞭。

——董必武

一年之计在于春，一日之计在于晨。

——萧　绎

多少事，从来急；天地转，光阴迫。一万年太久，只争朝夕。

——毛泽东

时间就像海绵里的水，只要愿挤，总还是有的。

——鲁　迅

黑发不如勤学早，白发方悔读书迟。

——颜真卿

节约时间，也就是使一个人的有限的生命，更加有效，而也就等于延长了人的寿命。

——鲁 迅

庸人费心将是消磨时光，能人费尽心计利用时间。

——叔本华

世上无难事，只要肯登攀。

——毛泽东

书山有路勤为径，学海无涯苦作舟。

——韩 愈

天道酬勤。

——《周易》

勤能补拙是良训，一分耕耘一分才。

——华罗庚

男儿不展风云志，空负天生八尺躯。

——冯梦龙

人生最高理想，在求达于真理。

——李大钊

敏而好学，不耻下问。

——孔 子

业精于勤荒于嬉；行成于思毁于随。

——韩 愈

尽信书则不如无书。

——孟　子

贫者因书而富，富者因书而贵。

——王安石

书是人类进步的阶梯。

——高尔基

人永远是要学习的。死的时候，才是毕业的时候。

——萧楚女

读书破万卷，下笔如有神。

——杜　甫

在人生的旅途里。前途很远，也很暗。然而不要怕，不怕的人面前才有路。

——鲁　迅

人生像攀登一座山，而找寻出路，却是一种学习的过程，我们应当在这过程中，学习稳定、冷静，学习如何从慌乱中找到生机。

——席慕蓉

我们活着不能与草木同腐，不能醉生梦死，枉度人生，要有所作为。

——方志敏

做人也要像蜡烛一样，在有限的一生中有一分热发一分光，给人以光明，给人以温暖。

——萧楚女

哪里有天才，我是把别人喝咖啡的工夫都用在工作上了。

——鲁　迅

人类的希望像是一颗永恒的星，乌云掩不住它的光芒。特别是在今天，和平不是一个理想，一个梦，它是万人的愿望。

——巴　金

我们是国家的主人，应该处处为国家着想。

——雷　锋

我们爱我们的民族，这是我们自信心的源泉。

——周恩来

路是脚踏出来的，历史是人写出来的。人的每一步行动都在书写自己的历史。

——吉鸿昌

春蚕到死丝方尽，人至期颐亦不休。一息尚存须努力，留作青年好范畴。

——吴玉章

学习的敌人是自己的满足，要认真学习一点东西，必须从不自满开始。对自己，“学而不厌”，对人家，“诲人不倦”，我们应取这种态度。

——毛泽东

错误和挫折教训了我们，使我们变得聪明起来了，我们的事情就办得好一些。任何政党，任何个人，错误总是难免的，我们要求犯得少一点。犯了错误则要求改正，改正得越迅速，越彻底，越好。

——毛泽东

一分钟一秒钟自满，在这一分一秒间就停止了自己吸收的生命和排泄的生命。只有接受批评才能排泄精神的一切渣滓。只有吸收他人的意见，我才能添加精神上新的滋养品。

——徐特立

知识是从刻苦劳动中得来的，任何成就都是刻苦劳动的结果。

——宋庆龄

形成天才的决定因素应该是勤奋。这与有几分勤学苦练是成正比例的。

——郭沫若

自觉心是进步之母，自贱心是堕落之源，故自觉心不可无，自贱心不可有。

——邹韬奋

在劳力上劳心，是一切发明之母。事事在劳力上劳心，变可得事物之真理。

——陶行知

入于污泥而不染、不受资产阶级糖衣炮弹的侵蚀，是最难能可贵的革命品质。

——周恩来

一知半解的人，多不谦虚；见多识广有本领的人，一定谦虚。

——谢觉哉

骄傲自满是我们的一座可怕的陷阱，而且，这个陷阱是我们自己亲手挖掘的。

——老　舍

九牛一毫莫自夸，骄傲自满必翻车。历览古今多少事，成由谦逊败由奢。

——陈 毅

少壮不努力，老大徒悲伤。

——《汉乐府·长歌行》

志不强者智不达。

——《墨子·修身》

青，取之于蓝，而青于蓝；冰，水为之，而寒于水。

——《荀子》

志当存高远。

——诸葛亮

丈夫志四海，万里犹比邻。

——曹 植

有志者事竟成。

——《后汉书》

岁寒，然后知松柏之后凋也。

——《论语·子罕》

石可破也，而不可夺坚；丹可磨也，而不可夺赤。

——《吕氏春秋》

精诚所至，金石为开。

——《后汉书·光武十王列传》

路漫漫其修远兮，吾将上下而求索。

——屈　原

位卑未敢忘忧国，事定犹须待阖棺。

——陆　游

尺有所短；寸有所长。物有所不足；智有所不明。

——屈　原

若要功夫深，铁杵磨成针。

——曹　学

绳锯木断，水滴石穿。

——罗大经

日日行，不怕千万里；常常做，不怕千万事。

——《格言联璧·处事》

天下之事常成于困约，而败于奢靡。

——陆　游

积土而为山，积水而为海。

——《荀子·儒效》

人非圣贤，孰能无过。

——《左传·宣公二年》

坚志而勇为，谓之刚。刚，生人之德也。

——《练兵实纪·刚复害》

捐躯赴国难，视死忽如归。

——曹　植

丈夫不报国，终为贫贱人。

——陈恭尹

时危见臣节，世乱识忠良。

——鲍　照

苟利国家生死以，岂因祸福避趋之。

——林则徐

真者，精诚之至也，不精不诚，不能动人。

——《庄子·渔父》

勿以恶小而为之，勿以善小而不为。惟贤惟德，能服于人。

——刘　备

傲不可长，欲不可纵，乐不可极，志不可满。

——魏　徵

不傲才以骄人，不以宠而作威。

——诸葛亮

命为志存。

——朱　熹

欲穷千里目，更上一层楼。

——王之涣

天将降大任于斯人也，必先苦其心志，劳其筋骨，饿其体肤，空乏其身，行拂乱其所为。

——孟　子

精诚所至，金石为开。

——《后汉书光武十王列传》

忧劳可以兴国，逸豫可以亡身。

——《新五代史伶官传序》

恢弘志士之气，不宜妄自菲薄。

——诸葛亮

不为外撼，不以物移，而后可以任天下之大事。

——吕　坤

不入虎穴，焉得虎子？

——《后汉书》

不识庐山真面目，只缘身在此山中。

——苏　轼

操千曲而后晓声，观千剑而后识器。

——刘　勰

察己则可以知人，察今则可以知古。

——《吕氏春秋》

差以毫厘，谬以千里。

——《汉书》

长风破浪会有时，直挂云帆济沧海。

——李　白

臣心一片磁针石，不指南方不肯休。

——文天祥

沉舟侧畔千帆过，病树前头万木春。

——刘禹锡

出师未捷身先死，长使英雄泪沾襟。

——杜　甫

大直若屈，大巧若拙，大辩若讷。

——《老子》

当断不断，反受其乱。

——《汉书》

当局者迷，旁观者清。

——《新唐书》

得道者多助，失道者寡助。

——《孟子》

东边日出西边雨，道是无晴却有晴。

——刘禹锡

光阴似箭，日月如梭。

——《增广贤文》

海阔凭鱼跃，天高任鸟飞。

——《古今诗话》

海内存知己，天涯若比邻。

——王　勃

祸兮，福之所倚；福兮，祸之所伏。

——《老子》

兼听则明，偏信则暗。

——《资治通鉴》

见兔而顾犬，未为晚也；亡羊而补牢，未为迟也。

——《战国策》

近水楼台先得月，向阳花木易为春。

——苏　麟

近朱者赤，近墨者黑。

——傅　玄

落红不是无情物，化作春泥更护花。

——龚自珍

落霞与孤鹜齐飞，秋水共长天一色。

——王　勃

满招损，谦受益。

——《尚书》

莫愁前路无知己，天下谁人不识君。

——高 适

莫等闲，白了少年头，空悲切！

——岳 飞

木秀于林，风必摧之。

——《旧唐书》

皮之不存，毛将焉附？

——《左传》

书到用时方恨少，事非经过不知难。

——陆 游

疏影横斜水清浅，暗香浮动月黄昏。

——林 逋

谁言寸草心，报得三春晖。

——孟 郊

水至清则无鱼，人至察则无徒。

——《礼记》

它山之石，可以攻玉。

——《诗经·小雅》

踏破铁鞋无觅处，得来全不费功夫。

——《水浒传》

前车之覆，后车之鉴。

——《汉书》

前事不忘，后事之师。

——《战国策》

青山遮不住，毕竟东流去。

——辛弃疾

清水出芙蓉，天然去雕饰。

——李　白

山不厌高，水不厌深。

——曹　操

山重水复疑无路，柳暗花明又一村。

——陆　游

身无彩凤双飞翼，心有灵犀一点通。

——李商隐

生也有涯，知（智）也无涯。

——庄　子

圣人千虑，必有一失；愚人千虑。必有一得。

——《晏子春秋》

十年树木，百年树人。

——《管子·权修》

桃李不言，下自成蹊。

——《史记》

天时不如地利，地利不如人和。

——孟 子

学而不厌，诲人不倦。

——孔 子

位卑未敢忘忧国。

——陆 游

文章合为时而著，歌诗合为事而作。

——白居易

闻道有先后，术业有专攻。

——韩 愈

物以类聚，人以群分。

——《易经》

星星之火，可以燎原。

——《尚书》

学而不思则罔，思而不学则殆。

——孔 子

有志者，事竟成。

——《后汉书》

与善人居，如入兰芷之室，久而不闻其香，即与之化矣。与不善人居。如入鲍鱼之肆，久而不闻其臭，亦与之化矣。

——刘 向

玉不琢，不成器；人不学，不知道。

——《礼记》

张而不弛，文武弗能也；弛而不张，文武弗为也，一张一弛，文武之道也。

——《礼记》

如烟往事俱忘却，心底无私天地宽。

——陶 铸

己所不欲，勿施于人。

——《论语》

君子坦荡荡，小人长戚戚。

——孔 子

知不足，然后能自反也；知困，然后能自强也。

——《礼记》

知己知彼，百战不殆。

——《孙子兵法》

知无不言，言无不尽。

——苏 洵

纸上得来终觉浅，绝知此事要躬行。

——陆 游

贵有恒，何必三更起、五更眠。
最无益，只怕一日曝、十日寒。

——毛泽东

登山则情满于山，观海则意溢于海。

——刘 勰

君子忧道不忧贫。

——《论语》

老当益壮，宁知白首之心；穷且益坚，不坠青云之志。

——王 勃

老骥伏枥，志在千里。烈士暮年，壮心不已。

——曹 操

其曲弥高，其和弥寡。

——宋 玉

仁者见之谓之仁，智者见之谓之智。

——《周易》

明日复明日，明日何其多！我生待明日，万事成蹉跎。世人若被明日累，春去秋来老将至。朝看水东流，暮看日西坠。百年明日能几何？请君听我明日歌。

——钱 福

盛年不重来，一日难再晨，及时宜自勉，岁月不待人。

——陶 潜

如果青春的时光在闲散中度过，那么回忆岁月将会是一场凄凉的悲剧。

——张云可

在寻求真理的长征中，唯有学习，不断地学习，勤奋地学习，有创造性地学习，才能越重山，跨峻岭。

——华罗庚

壮士临阵决死，哪管些许伤痕，向千年老魔作战，为百代新风斗争。慷慨掷此身。

——华罗庚

勤奋就是成功之母。

——茅以升

积金遗于子孙，子孙未必能守；积书于子孙，子孙未必能读。不如积阴德于冥冥之中，此乃万世传家之宝训也。

——司马光

人才为政事之本，而学校尤为人才之本也。

——颜　元

忧愁非书不释，忿怒非书不解，精神非书不振。

——颜　元

君子处事也，甘恶衣粗食，甘艰苦劳动，斯可以无失矣。

——颜　元

寡欲以清心，寡染以清身，寡言以清口。

——颜　元

穷且益坚，不坠青云之志。

——王　勃

天行健，君子以自强不息。

——《周易》

世界会向那些有目标和远见的人让路

——冯两努

教子十过，不如奖子一长；教过不改也徒伤情，奖长易功也且全恩。

——颜　元

教以济养，养以行教，教者养也，养者教也。

——颜　元

心中醒，口中说，纸上作，不从身上习过，皆无用也。

——颜　元

进，路也；退，路也；左，路也；右，路也。

——孙　膑

兵不能见福祸于未形，不知备者也。

——孙　膑

兵用力多功少，不知时者也。兵不能胜大患，不能合民心者也。

——孙　膑

势便地利则民自退。所谓善战者，便势利地者也。

——孙　膑

一风俗而成治功，莫善于取人以德，其本莫重于谨痒序之教。

——颜　元

有圣贤之言可以引路。会乃不走路，只效圣贤言，便当走路，每代引路之言增而愈多，卒之荡荡周行道上，鲜见其人也。

——颜　元

为学从切实处下手，自不落空。

——颜　元

善教者于本，不临军而变。

——孙　膑

不意侍待卒，所以昧战也。

——孙　膑

知士可信，毋令人离之。必胜乃战，毋令人知之。

——孙　膑

智士者，国之器。

——刘　向

子用私道者家必乱，臣用私道者国必危。

——刘　向

草木秋死，松柏独存。

——刘　向

财不如义高，势不如德尊。

——刘　向

敌弱以乱，先其选卒以乘之；敌强以治，先其下卒以诱之。

——孙　膑

天时、地利、人和，三者不得，虽胜有央。

——孙 膑

一曰信，二曰忠，三曰敢。安忠？忠王。安信？信赏。安敢？敢去不善。不忠于王，不敢用其兵。不信于赏，百生弗德。不敢去不善，百生弗畏。

——孙 膑

有机智之巧，必有机智之败。

——刘 向

无财之谓贫，学而不能行之谓病。

——刘 向

毋剿说，毋雷同。

——戴 圣

礼不下庶人，刑不上大夫。

——《礼记》

举大事必慎其终始。

——《礼记》

富润屋，德润身。

——《礼记》

以乱攻治者亡，以邪攻正者亡，以逆攻顺者亡。

——刘 向

临官莫如平，临财莫如廉。

——刘 向

小快害义，小慧害道，小辨害治，苟心伤德。

——刘　向

君子乐得其道，小人乐得其欲。

——《礼记》

知其心，然后能教其失也。

——《礼记》

建国君民，教学为先。

——《礼记》

少成若天性，习惯如自然。

——班　固

以管窥天，以蠡测海。

——班　固

父兄之教不先，则子弟之率不谨。

——班　固

豺狼横道，不宜复问狐狸。

——班　固

人一能之，己百之，人十能之，己千之。果能此道矣，虽愚必明，虽柔必强。

——《礼记》

凡事预则立，不预则废；言前定，则不跲；事前定，则不困；行前定，则不疚；道前定，则不穷。

——《礼记》

礼尚往来，往而不来，非礼也；来而不往，亦非礼也。

——《礼记》

舜无立锥之地以有天下。

——班　固

遗子黄金满籝，不如一经。

——班　固

泰山之溜穿石，单极之绠断干。

——班　固

微妙之音，皆在外候。

——姜子牙

举而不用，是有求贤之名，而无用贤之实也。

——姜子牙

为之不密，密而不富者，盗在其室。

——姜子牙

直言之路开，则四方众贤不远千里。

——班　固

镌金石者难为功，摧枯朽者易为力。

——班　固

赏罚信明，施与有节，记人之功，忽于小过。

——班　固

得贤将者兵强国昌，不得贤将者，兵弱国亡。

——姜子牙

将不仁，则三军不亲；将不勇，则三军不为动。

——姜子牙

凡举兵帅师，以将为命。命在通达，不守一术。因能授职，各取所和工，随时变化，以为纪钢。故将有股肱羽翼七十二人，以应天道。备数如法，审知命理，殊能异技，万事毕矣。

——姜子牙

为将者，受命忘家；当敌忘身。

——姜子牙

外乱而内整。示饥而实饱，内精而外钝。一合一离，一聚一散。阴其谋，密其机，高其垒，伏其锐士。寂若无声，敌不知我所备。欲其西，袭其东。

——姜子牙

兵胜之术，密察敌人之机，而速乘其利，复疾击其不意。

——姜子牙

民不失务则利之，农不失时则成之，省刑罚则生之，薄赋敛则与之，俭宫室台榭则乐之，吏清不苛扰则喜之。民失其务则害之，农失其时则败之，无罪而罚则杀之，重赋敛则夺之，多营宫室台榭以疲民力则苦之，吏浊苛扰则怒之。故善为国者，驭民如父母之爱子，如兄之爱弟，见其饥寒则为之忧，见其劳苦则为之悲，赏罚如加于身，赋敛如取已物。此爱民之道也。

——姜子牙

没有坚定不移的信心，任何行动都会失败。

——华·欧文

青少年是一个美好的而又是一去不可再得的时期，是将来一切光明和幸福的开端。

——加里宁

人的志向通常和他们的能力成正比例。

——约翰逊

一个人如果不到最高峰，他就没有片刻的安宁，他也就不会感到生命的恬静和光荣。

——萧伯纳

最糟糕的是人们在生活中经常受到错误志向的阻碍而不自知，真到摆脱了那些阻碍时才能明白过来。

——歌　德

志向和热爱是伟大行为的双翼。

——歌　德

立志、工作、成就，是人类活动的三大要素。立志是事业的大门，工作是登堂入室的旅程。这旅程的尽头有个成功在等待着，来庆祝你的努力结果。

——巴斯德

雄心壮志是茫茫黑夜中的北斗星。

——勃朗宁

有人问鹰：“你为什么到高空去教育你的孩子？”鹰回答说：“如果我贴

着地面去教育他们，那它们长大了，哪有勇气去接近太阳呢？”

——莱　辛

真正的才智是刚毅的志向。

——拿破仑

贫而懒惰乃真穷，贱而无志乃真贱。

——罗　丹

如果一个人不知道他要驶向何方，那么任何风都不是顺风。

——塞涅卡

人若有志，万事可为。

——斯迈尔斯

志气这东西是能传染的，你能感染着笼罩在你的环境中的精神。那些在你周围不断向上奋发的人的胜利，会鼓励激发你做更艰苦的奋斗，以求达到如像他们所做的样子。

——斯蒂文

让自己的内心藏着一条巨龙，既是一种苦刑，也是一种乐趣。

——雨　果

目标越接近，困难越增加。

——歌　德

坚硬优质的钢条，是经过千锤百炼而成的；瑰丽美观的贝壳是经过水冲日曝而得的。我们的意志和毅力也必须在火热的斗争中接受严峻的考验，去接受长期的锻炼。只有这样才能使自己在困难面前，永远热情奋发，斗志昂扬。

——加里宁

当我们只遇到逆风行舟的时候，我们调整航向迂回行驶就可以了；但是，当海面上波涛汹涌，而我们想停在原地的时候，那就要抛锚。当心啊，年轻的舵手，别让你的缆绳松了，别让你的船锚动摇，不要在你没有发觉以前，船就漂走了。

——卢 梭

人生是一场无休、无歇、无情的战斗，凡是要做个够得上称为人的人，都得时时刻刻向无形的敌人作战。

——罗曼·罗兰

只要朝着一个方向努力，一切都会变得得心应手。

——勃朗宁

伟大的人物都是走过了荒沙大漠，才登上光荣的高峰。

——巴尔扎克

谁有进取的意志，谁就干得成。

——罗曼·罗兰

一个从不怀疑生活方向和目标的人，绝对不会绝望。

——莫里亚克

凡是新的事情在起头总是这样，起初热心的人很多，而不久就冷淡下去，撒手不做了。因为他已经明白，不经过一番苦功是做不成的，而只有想做的人，才忍得过这番痛苦。

——陀思妥耶夫斯基

当我们在一些难关面前停顿下来的时候，他总是说："你会把它弄好的！凭你的聪明，这点小事是难不倒你的！"而我们往往就因为父亲这句话，奇迹似的把本来弄不好的东西弄好，对本来视为畏途的工作发生兴趣。

——罗 兰

船在汹涌的波浪中行驶，固然是危险的事，但只要掌舵者善于应付，未尝不可化险为夷，渡过大洋，安登彼岸。一个年轻人的就业，也是如此，四周都为困难所包围，你得镇静应付，把层层障碍打破，便发现你的康庄大道。你须知道，老天决不辜负有心人的上进志向，除非你畏难苟安，无毅力应付，结果才覆败。

——戴尔·卡耐基

我想一切胸襟宽广的人都有雄心大志；但是我所器重的心怀大志的人，却是那些坚定而有信心地走这条道路的人，而不是那些企图一蹴而就、浅尝辄止的人。

——狄更斯

一个人追求的目标越高，他的才力就发展得越快，对社会就越有益。

——高尔基

据我观察，大部分人都是在别人荒废的时间里崭露头角的。

——福　特

人生太短，要干的事太多，我要争分夺秒。

——爱迪生

对时间的慷慨，就等于慢性自杀。

——奥斯特洛夫斯基

把握住今天，胜过两个明天。

——拉美谚语

每天不浪费或不虚度或不空抛的那一点点时间，即使只有五六分钟，如得正用，也一样可以有很大的成就。游手好闲惯了，就是有聪明才智，也不会有所作为。

——雷　曼

时间是我的财产，我的田亩是时间。

——歌 德

如果你浪费了自己的年龄，那是挺可悲的。因为你的青春只能持续一点儿时间——很短的一点儿时间。

——王尔德

世俗有“时间是金钱”这句话，所以窃取他人时间的小偷，当然该加以处罚，即使是那些愉快的好人，还是该如忌讳疾病地躲避他们。

——卡耐基

痛苦和寂寞对年轻人是一剂良药，它们不仅使灵魂更美好，更崇高，还保持了它青春的色泽。

——大仲马

浪费时间是所有支出中最奢侈及最昂贵的。

——富兰克林

睡得多的人学得少。

——西班牙谚语

凡是想获得优异成果的人，都应该异常谨慎地珍惜和支配自己的时间。

——克鲁普斯卡娅

时间像弹簧，可以缩短，也可以拉长。

——柬埔寨谚语

我只惋惜一件事，日子太短，过得太快。一个人从来看不出做成什么，只能看出还应该做什么？

——居里夫人

合理安排时间，就等于节约时间。

——弗兰西斯·培根

谁虚度年华，青春就要褪色，生命就会抛弃他们。

——雨　果

世界上最快而又最慢，最长而又最短，最平凡而又最珍贵，最容易忽视而又最令人后悔的就是时间。

——高尔基

昨天是一张作废的支票，明天是一张期票，而今天则是你唯一拥有的现金——所以应当聪明地把握。

——李昂斯

时间是世界上的一切成就的土壤。时间给空想者痛苦，给创造者幸福。

——麦金西

必须记住我们学习的时间是有限的。时间有限，不只由于人生短促，更由于人的纷繁。我们应该力求把我们所有的时间用去做最有益的事。

——斯宾塞

在所有批评家中，最伟大、最正确，最天才的是时间。

——别林斯基

一个人如果胸无大志，即使再有壮丽的举动也称不上是伟人。

——拉罗什夫科

世上真不知有多少能够成功立业的人，都因为把难得的时间轻轻放过而致默默无闻。

——莫泊桑

时间有三种步伐：未来姗姗来迟，现在像箭一样飞逝，过去永远静止不动。

——席 勒

最有希望的成功者，并不是才干出众的人而是那些最善利用每一时机去发掘开拓的人。

——苏格拉底

做事总是需要时间，不付出大量的心血和劳动是做不成大事的。想吃核桃，就是得首先咬开坚硬的果壳。

——格里美尔斯豪森

谁若游戏人生，他就一事无成，谁不能主宰自己，永远是一个奴隶。

——歌 德

当许多人在一条路上徘徊不前时，他们不得不让开一条大路，让那珍惜时间的人赶到他们的前面去。

——苏格拉底

志气和贫困是患难兄弟，世人常见他们伴在一起。

——托·富勒

时间不能增添一个人的生命，然而珍惜光阴却可使生命变得更有价值。

——卢瑟·伯班克

要找出时间来考虑一下，一天中做了什么，是正号还是负号，假如是正号很好。假如是负号，那就采取措施。

——季米特洛夫

我成功，因为志在要成功，我未尝踌躇。

——拿破仑

一个不注意小事情的人，永远不会成功大事业。

——卡耐基

要成功一项事业，必须花掉毕生的时间。

——列文虎克

真实是人生的命脉，是一切价值的根基，又是商业成功的秘诀，谁能信守不渝，就可以成功。

——德莱塞

成功的秘诀在于恒心。

——迪斯雷利

成功的秘诀，在永不改变既定的目的。

——卢 俊

天才就是百分之九十九的汗水加百分之一的灵感。

——爱迪生

天才就是无止境刻苦勤奋的能力。

——卡莱尔

天才就是这样，终身劳动，便成天才。

——门捷列夫

生活中没有理想的人，是可怜的人。

——屠格涅夫

理想是指路明灯。没有理想，就没有坚定的方向；而没有方向，就没有生活。

——列夫·托尔斯泰

如果不献身给一个伟大的理想，生命就是毫无意义的。

——何塞·黎萨尔

世上最快乐的事，莫过于为理想而奋斗。

——苏格拉底

有理想的人，生活总是火热的。

——斯大林

一个爱书的人，他必定不至于缺少一个忠实的朋友，一个良好的老师，一个可爱的伴侣，一个温情的安慰者。

——伊萨克·巴罗

书籍是你的朋友，虽然没有热情，但是它非常忠实。

——雨　果

书籍是青年人不可分离的生活伴侣和导师。

——高尔基

书籍是全世界的营养品。生活里没有书籍，就好像没有阳光；智慧里没有书籍，就好像鸟儿没有翅膀。

——莎士比亚

书籍是造就灵魂的工具。

——雨　果

书籍是培植智慧的工具。

——夸美纽斯

一本书像一艘船，带领我们从狭隘的地方，驶向生活的无限广阔的海洋。

——凯　勒

读一本好书，就是和许多高尚的人谈话。

——歌　德

读书是在别人思想的帮助下，建立起自己的思想。

——鲁巴金

经验丰富的人读书用两只眼睛，一只眼睛看到纸面上的话，另一眼睛看到纸的背面。

——歌　德

读书不要贪多，而是要多加思索，这样的读书使我获益不少。

——卢　梭

读书是易事，思索是难事，但两者缺一，便全无用处。

——富兰克林

与其用华丽的外衣装饰自己，不如用知识武装自己。

——马克思

知识是珍贵宝石的结晶，文化是宝石放出的光泽。

——泰戈尔

书籍——通过心灵观察世界的窗口。住宅里没有书，犹如房间没有窗户。

——威尔逊

无限相信书籍的力量，是我的教育信仰的真谛之一。

——苏霍姆林斯基

人的一生可能燃烧也可能腐朽，我不能腐朽，我愿意燃烧起来！

——奥斯特洛夫斯基

我们的理想应该是高尚的。我们不能登上顶峰，但可以爬上半山腰，这总比待在平地上要好得多。如果我们的内心为爱的光辉所照亮，我们面前又有理想，那么就不会有战胜不了的困难。

——普列姆昌德

冬天已经到来，春天还会远吗？

——雪　莱

无论何人，若是失去耐心，就是失去灵魂。

——培　根

生活的道路一旦选定，就要勇敢地走到底，决不回头。

——佐　拉

只有刚强的人，才有神圣的意志，凡是战斗的人，才能取得胜利。

——歌　德

无论大事还是小事，只要自己是认为办得好的，就坚定地去办，这就是性格。

——歌　德

不因幸运而固步自封，不因厄运而一蹶不振。真正的强者，善于从顺境中找到阴影，从逆境中找到光亮，时时校准自己前进的目标。

——易卜生

当一个人年轻时，谁没有空想过？谁没有幻想过？想入非非是青春的标志。但是，我的青年朋友们，请记住，人总归是要长大的。天地如此广阔，世界如此美好，等待你们的不仅仅是需要一对幻想的翅膀，更需要一双踏踏实实的脚。

——爱默生

辛勤的蜜蜂永没有时间悲哀。

——布莱克

希望是厄运的忠实的姐妹。

——普希金

当你的希望一个个落空，你也要坚定，要沉着！

——朗费罗

想要有空余时间，就不要浪费时间。

——富兰克林

忽视当前一刹那的人，等于虚掷了他所有的一切。

——富兰克林

时间不可空过，唯用之于有益的工作；一切无益的行动，应该完全制止。

——富兰克林

如果说时间是最宝贵的东西，那么浪费时间就是最大的挥霍。

——富兰克林

你热爱生命吗？那么别浪费时间，因为时间是组成生命的材料。

——富兰克林

懒鬼起来吧！别再浪费时间，将来在坟墓内有足够的时间让你睡的。

——富兰克林

人生太短暂了，事情是这样的多，能不兼程而进吗？ ——爱迪生

真正的敏捷是一件很有价值的事。因为时间是衡量事业的标准，一如金钱是衡量货物的标准；所以在做事不敏捷的时候，那事业的代价一定是很高的。

——培 根

时间乃是最大的革新家。

——培 根

在适当的时候去做事，可节省时间；背道而行往往会徒劳无功。

——培 根

过去的事情是无法挽回的。聪明人对现在与未来的事唯恐应付不暇，对既往的事岂能再去计较。

——培 根

时间是不可占有的公共财产，随着时间的推移，真理愈益显露。

——培 根

黄金时代是在我们的前面，不是在我们的背后。

——培 根

敢于浪费自己生命当中一小时的人，尚未发现生命的价值。

——达尔文

我相信我没偷过半小时的懒。

——达尔文

我从来不认为半小时是我微不足道的很小的一段时间。

——达尔文

我的生活过得像钟表的机器那样有规则，当我的生命告终时，我就会停在一处不动了。

——达尔文

我不能忍受游手好闲，因此，我以为只要我能够做，我就会继续做下去……

——达尔文

胜利者往往是从坚持最后五分钟的时间中得来成功。

——牛　顿

不要在已成的事业中逗留着！

——巴斯德

我从不想未来，它来得太快。

——爱因斯坦

等你们六十岁的时候，你们就会珍惜由你们支配的每一个钟头了。

——爱因斯坦

世界上，宇宙中，有多少难解的谜啊……还是抓紧时间工作吧！

——爱因斯坦

即使上帝也无法改变过去。

——亚里士多德

一生没有虚过，可以愉快地死，如同一天没有虚过，可以安眠！

——达·芬奇

希望是永远达不到的，因此，人才有希望，追求希望。

——富兰克林

从事一项事情，先要决定志向，志向决定之后就要全力以赴毫不犹豫地去实行。

——富兰克林

希望是生命的源泉，失去它生命就会枯萎。

——富兰克林

以希望为生的人，将绝食而死。

——富兰克林

每个人都有一定的理想，这种理想决定着他的努力的方向。就在这个意义上，我从来不把安逸和享乐看作是生活目的的本身——这种基础，我叫它猪栏的理想。照亮我的道路，并且不断地给我新的勇气去愉快地正视生活的理想，是善、美、真。

——爱因斯坦

无论何时，不管怎样，我也绝不允许自己有一点灰心丧气。

——爱迪生

对我来说，信念意味着不担心。

——杜　威

希望贯穿一切，临死也不会抛弃我们。

——波　普

希望永远在人的胸膛汹涌。人要经常感觉不是现在幸福，而是就要幸福了。

——波　普

只有知道了通往今天的路，我们才能清楚而明智地规划未来。

——斯蒂文生

希望是永远的喜悦，如人类拥有的土地，是每年有收获、绝不会耗尽的确实财产。

——斯蒂文生

如果能追随理想而生活，本着自由的精神、勇往直前的毅力、诚实不自欺的思想而行，则定能臻于至美至善的境地。

——居里夫人

我认为，你们必须从一种理想主义中去寻求精神力量。在不使我们骄傲的情况下，这种理想主义可把我们的希望和幻想上升到一个很高的境界。

——居里夫人

人类也需要富有理想的人。对于这种人说来，无私地发展一种事业是如此的迷人，以至他们不可能去关心他们个人的物质利益。

——居里夫人

每个人都有一定的理想，这种理想决定着他的努力和判断的方向。

——爱因斯坦

现在，大家都为了电冰箱、汽车、房子而奔波，追逐，竞争。这是我们这个时代的特征。但是也还有不少人，他们不追求这些物质的东西，他们追求理想和真理，得到了内心的自由和安宁。

——爱因斯坦

第三章 励志谚语

哀莫大于心死——心死：指心像死灰的灰烬。指最可悲哀的事，莫过于思想顽钝，麻木不仁。

爱博而情不专——对人或事物的喜爱很广泛，而感情不能专一。

爱则加诸膝，恶则坠诸渊——加诸膝：放在膝盖上；坠诸渊：推进深渊里。意指不讲原则，感情用事，对别人的爱憎态度，全凭自己的好恶来决定。

爱之欲其生，恶之欲其死——喜爱他时，总想叫他活着；讨厌他时，总想叫他死掉。指极度地凭个人爱憎对待人。

安于故俗，溺于旧闻——俗：习俗。溺：沉溺，陷入。拘守于老习惯，局限于旧见闻。形容因循守旧，安于现状。

鞍不离马背，甲不离将身——甲：铠甲。马不卸鞍，人不解甲。处于高度警惕状态。

八公山上，草木皆兵——八公山：在安徽淮西市西。将八公山上的草木，都当作是士兵。形容极度惊恐，疑神疑鬼。

八九不离十——指与实际情况很接近。

八仙过海，各显其能——八仙：道教传说中的八位神仙。比喻做事各有各的一套办法。也比喻各自拿出本领互相比赛。

八字没见一撇——比喻事情毫无眉目，未见端绪。

拔了萝卜地皮宽——比喻为了行事方便而把碍眼的事物去掉。也比喻为了扩展地盘而排挤别人。

拔赵帜立赤帜——用以比喻偷换取胜或战胜、胜利之典。

白沙在涅，与之俱黑——涅：黑土。白色的细沙混在黑土中，也会跟它一起变黑。比喻好的人或物处在污秽环境里，也会随着污秽环境而变坏。

百尺竿头，更进一步——佛家语，比喻道行、造诣虽深，仍需修炼提高。比喻虽已达到很高的境地，但不能满足，还要进一步努力。

百花齐放，百家争鸣——比喻艺术及科学的不同派别及风格自由发展与争论。

百思不得其解——百：多次；解：理解。百般思索也无法理解。

百万买宅，千万买邻——比喻好邻居千金难买。

百闻不如一见——闻：听见。听得再多，也不如亲眼见到一次。

百星不如一月——一百颗星星发出的亮光不如一个月亮发出的光亮。比喻量多不如质优。

搬起石头打自己的脚——搬：移动。比喻本来想害别人，结果害了自己。自食其果。

半部论语治天下——旧时用来强调学习儒家经典的重要。

邦以民为本——古代儒家民本思想的一种反映，认为万民百姓是国家的根本。治国应以安民、得民作为根本。

毕其功于一役——把应该分成几步做的事一次做完。

表壮不如里壮——外表好看，不如里面结实。比喻妻子能够治家，就是丈夫的好帮手。

冰冻三尺，非一日之寒——比喻一种情况的形成，是经过长时间的积累、酝酿的。

冰炭不言，冷热自明——比喻内心的诚意不用表白，必然表现在行动上。

不到黄河心不死——比喻不达目的不罢休，也比喻不到实在无路可走的境地不肯死心。

不经一事，不长一智——智：智慧，见识。不经历一件事情，就不能增长对那件事情的见识。

不可同日而语——不能放在同一时间谈论。形容不能相提并论，不能相比。

不能赞一词（辞）——指文章写得好，别人不能再添一句话。提不出一点意见。形容文章非常完美。

不期然而然——没有想到是这样而竟然是这样。

不求有功，但求无过——不要求立功，只希望没有错误。

不入虎穴，焉得虎子——焉：怎么。不进老虎窝，怎能捉到小老虎。比喻不亲历险境就不能获得成功。

不塞不流，不止不行——指对佛教、道教如不阻塞，儒家学说就不能推行。比喻只有破除旧的、错误的东西，才能建立新的、正确的东西。

不识庐山真面目——比喻认不清事物的真相和本质。

不为五斗米折腰——五斗米：晋代县令的俸禄，后指微薄的俸禄；折腰：弯腰行礼，指屈身于人。比喻为人清高，有骨气，不为利禄所动。

不幸而言中——不希望发生的事情却被说准真的发生了。

不以辞害志——辞：文辞；志：作品的思想内容。原意是不因为只顾文辞而损害了对内容的理解。后也指写文章不要只追求修辞而忽略文章的立意。

不以规矩，不成方圆——规：圆规；矩：曲尺。比喻做事要遵循一定的法则。

不以人废言——废：废弃。不因为这个人有不足的地方而不采纳他的正确意见。

不以一眚（shěng）掩大德——以：因；眚：过失，错误；掩：遮蔽，遮盖；德：德行。不因为一个人有个别的错误而抹杀他的大功绩。

不在其位，不谋其政——不担任这个职务，就不去过问这个职务范围内的事情。

不知老之将至——不知道老年即将来临。形容人专心工作，心怀愉快，忘掉自己的衰老。

不知人间有羞耻事——不知道人世间还有羞耻之事。形容恬不知耻，无耻到极点。

不自由，毋宁死——如果失去自由、主权，宁可去死。

布袋里老鸦——比喻虽然活着，但像死了一样。

防患于未然——患：灾祸；未然：没有这样，指尚未形成。防止事故或祸害于尚未发生之前。

防民之口，甚于防川——防：阻止；甚：超过。阻止人民进行批评的危害，比堵塞河川引起的水患还要严重。指不让人民说话，必有大害。

河海不择细流——比喻不论大小，一律收容。

长安居大不易——本为唐代诗人顾况以白居易的名字开玩笑。后比喻居住在大城市，生活不容易维持。

长江后浪推前浪——比喻事物的不断前进。多指新人新事代替旧人旧事。

长他人志气，灭自己威风——指一味助长别人的声势，而看不起自己的力量。

成败在此一举——举：举动。成功、失败就决定于这次行动了。指采取事关重大的行动。

成人不自在，自在不成人——人要有成就，必须刻苦努力，不可安逸自在。

成也萧何，败也萧何——萧何：汉高祖刘邦的丞相。成事由于萧何，败事也由于萧何。比喻事情的成功和失败都是由这一个人造成的。

秤砣虽小压千斤——秤砣看来一小块却能压住千斤之重。比喻外表虽不引人注目，实际很起作用。

吃一堑，长一智——堑：壕沟，比喻困难、挫折。受一次挫折，增长一分见识。

尺蚓穿堤，能漂一邑——蚯蚓虽小，但它把堤岸穿透了，就能把整个城市淹没。比喻不注意小的事故，就会引起大祸。

尺有所短，寸有所长——短：不足，长：有余。比喻各有长处，也各有短处，彼此都有可取之处。

出淤泥而不染——淤泥：水底的污泥；染：沾。生长在淤泥中，而不被污泥所污染，依然保持纯洁的品格。

初生牛犊不怕虎——犊：小牛。刚生下来的小牛不怕老虎。比喻青年人思想上很少顾虑，敢作敢为，无所畏惧。

春蚕到死丝方尽——丝：双关语，“思”的谐音。比喻情深谊长，至死不渝。

此而可忍，孰不可忍——这个如能容忍，还有什么不能容忍呢！

从善如登，从恶如崩——从：顺随。顺随善良像登山一样，顺随恶行像山崩一样。比喻学好很难，学坏极容易。

东隅（yú）已逝，桑榆非晚——东隅：指日出处，表示早年。桑榆：指日落处，表示晚年。早年的时光消逝，如果珍惜将来的时光，发愤图强，还为时不晚。

盛名之下，其实难副——盛：大；副：相称，符合。名望很大的人，实际的才德常是很难跟名声相符。指名声常常可能大于实际。用来表示谦虚或自我警戒。

以其人之道，还治其人之身——以：拿；治：惩处。用别人的办法来惩治别人。

丹之所藏者赤，漆之所藏者黑。——朱砂所蕴含的一定是红色，墨漆所蕴藏的也一定是黑色。比喻交朋友必须谨慎选择。

单丝不成线，独木不成林——一根丝绞不成线，一棵树成不了森林。比喻个人力量单薄，难把事情办成。

单则易折，众则难摧——势孤力单，容易受人欺负；人多气壮，别人不敢欺侮。

淡泊以明志，宁静以致远——淡泊：恬淡寡欲；宁静：安宁恬静；致：达到。不追求名利，生活简朴以表现自己高尚的情趣；心情平稳沉着，才可有所作为。

当局者迷，旁观者清——当局者：下棋的人；旁观者：看棋的人。当事人被碰到的事情搞糊涂了，旁观的人却看得很清楚。

当面锣，对面鼓——比喻面对面地商量、对证或争论。

道高一尺，魔高一丈——原意是宗教家告诫修行的人要警惕外界的诱惑。后比喻取得一定成就以后往往面临新的更大的困难。

道高益安，势高益危——益：更加；势：权势。道德越高尚，为人处事好，就越安全；权势越大，更容易滥用权力，刚愎自用，就越危险。

道远知骥，世伪知贤——骥：良马。路途遥远才可以辨别良马，世间的虚伪狡诈才能鉴别贤才。比喻经过长久的磨炼，才能看出人的优劣。

得道多助，失道寡助——道：道义；寡：少。站在正义方面，会得到多数人的支持帮助；违背正义，必陷于孤立。

得饶人处且饶人——指做事不要做绝，须留有余地。

得人者昌，失人者亡——人：指人心。得人心的就能兴隆，失去人心的就要灭亡。

冬寒抱冰，夏热握火——冬天寒冷却要抱冰，夏天炎热却要握火。形容刻苦自勉。

读书百遍，其义自见——见：显现。读书上百遍，书意自然领会。指书要熟读才能真正领会。

读书破万卷——破：突破；卷：书籍册数。形容读书很多，学识渊博。

独此一家，别无分店——原是一些店铺招揽生意的用语，向顾客表明他没分店，只能在他这一家店里买到某种商品。泛指某种事物只有他那儿有，别处都没有。

饿死事小，失节事大——失节：原为封建礼教指女子失去贞操，后泛指失去节操。贫困饿死是小事，失节事情就大了。

二人同心，其利断金——比喻只要两个人一条心，就能发挥很大的力量。泛指团结合作。

二者不可得兼——两项之中只能得其一，不能兼而有之。

凡事预则立，不预则废——预：预先，指事先作好计划或准备；立：成就；废：败坏。不论做什么事，事先有准备，就能得到成功，不然就会失败。

反其道而行之——其：他的；道：方法，办法。采取同对方相反的办法行事。

方以类聚，物以群分——方：方术，治道的方法；物：事物。原指各种方术因种类相同聚在一起，各种事物因种类不同而区分开。后指人或事物按其性质分门别类。

放下屠刀，立地成佛——佛家劝人改恶从善的话。比喻作恶的人一旦认识了自己的罪行，决心改过，仍可以很快变成好人。

放之四海而皆准——四海：古人认为中国四境有海环绕，故称全国为“四海”；准：准确。比喻具有普遍性的真理到处都适用。

分久必合，合久必分——指人或事物变化无常，分合无定。

福兮祸所伏，祸兮福所倚——指福祸互为因果，互相转化。

富贵不淫，贫贱不移，威武不屈——富贵：旧指有钱财、有地位；淫：迷惑。表示一个人意志不为金钱和地位所迷惑的高尚情操和品行。

覆巢无完卵——覆：翻倒。翻倒的鸟窝里不会有完好的卵。比喻灭门大祸，无一幸免。又比喻整体毁灭，个体也不能幸存。

更上一层楼——原意是要想看得更远，就要登得更高。后比喻使已取得的成绩再提高一步。

工欲善其事，必先利其器——器：工具。要做好工作，先要使工具锋利。比喻要做好一件事，准备工作非常重要。

公说公有理，婆说婆有理——比喻双方争执，各说自己有理。

功到自然成——下了足够功夫，事情自然就会取得成效。

攻其一点，不及其余——对于人或事不从全面看，只是抓住一点就攻击。多指有偏见的批评。

攻无不克，战无不胜——攻：攻打；克：攻克。没有攻占不下来的。形容力量无比强大。

恭敬不如从命——客套话。多用在对方对自己客气，虽不敢当，但不好违命。

觥（gōng）饭不及壶飧（sūn）——丰盛的酒肴没有准备好，不如一壶水泡饭可以解除饥饿。比喻事情很急，不能等待。

瓜田不纳履，李下不整冠——走过瓜田，不要弯下身子提鞋；经过李树下面，不要举起手来整理帽子。比喻避免招惹无端的怀疑。

关门养虎，虎大伤人——比喻纵容助长坏人坏事，到头来自己受害。

观今宜鉴古——宜：应该；鉴：镜子。观察当今的社会，应以古代为镜子加以借鉴。

海内存知己，天涯若比邻——四海之内有知己朋友，即使远在天边，也感觉像邻居一样近。

海水不可斗量——海水是不可以用斗去量的。比喻不可根据某人的现状就低估他的未来。

韩信将兵，多多益善——将：统率，指挥。比喻越多越好。

毫不利己，专门利人——丝毫不为个人利益着想，一心一意做有利于他人的事情。

后浪推前浪——江水奔流，前后相继。比喻后面的事物推动前面的事物，像后浪推动前浪一样，不断前进。

化腐朽为神奇——神奇：神妙奇特的东西。变坏为好，变死板为灵巧，变无用为有用。

化干戈为玉帛——干戈：指打仗；玉帛：玉器和丝织品，指和好。比喻使战争转变为和平。

皇天不负有心人——上天不会辜负有恒心的人。

祸兮福所倚，福兮祸所伏——倚：倚靠；伏：隐藏。祸中有福，福中有祸。比喻坏事可以引出好的结果，好事也可以引出坏的结果。

行行出状元——比喻不论干哪一行，只要热爱本职工作，都能做出优异的成绩。

行百里者半九十——走一百里路，走了九十里才算是一半。比喻做事愈接近成功愈要认真对待。

行不更名，坐不改姓——表示自己是个硬汉，对别人毫无隐瞒。

饥者易为食，渴者易为饮——饥饿的人什么食物都可以吃，口渴的人什么饮品都可以喝。比喻需要急迫的人容易满足。

机不可失，失（时）不再来——失：错过。指时机难得，必须抓紧。

积土为山，积水为海——把土堆起来可以成山，把水蓄起来可以成海。比喻积少成多。

以其人之道，还治其人之身——用那个人对付别人的办法返回来对付那个人自己。

疾风扫秋叶——疾：猛烈。比喻力量强大、行动迅速，像暴风扫除落叶一样。

疾风知劲草——在猛烈的大风中，只有坚韧的草才不会被吹倒。比喻只有经过严峻的考验，才知道谁真正坚强。

己所不欲，勿施于人——欲：希望；勿：不要；施：施加。自己不愿意的，不要强加给别人。

既来之，则安之——既：已经；来之：使之来；安之：使之安。原意是既然把他们招抚来，就要把他们安顿下来。后指既然来了，就要在这里安下心来。

既有今日，何必当初——既然现在后悔，当初为什么要那样做？

家有敝（弊）帚，享之千金——敝（弊）帚：破扫帚；享：供奉。自家的破扫帚被认为价值千金。比喻自己的东西即使不好也倍觉珍贵。有时用于自谦。

兼听则明，偏信则暗——指要同时听取各方面的意见，才能正确认识事物；只相信单方面的话，必然会犯片面性的错误。

江海不逆小流——江海的浩瀚，是能容纳细流的缘故。比喻人气度大才能担当事。

江山易改，禀性难移——人的本性的改变，比江山的变迁还要难。形容人的本性难以改变。

姜太公钓鱼，愿者上钩——比喻心甘情愿地上当。

将欲取之，必先予之——要想夺取些什么，得暂且先给些什么。指先付出代价以诱使对方放松警惕，然后找机会夺取。

金无足赤，人无完人——足赤：足金，纯金。没有纯而又纯的金子。比喻没有十全十美的事物。也比喻不能要求一个人没有一点缺点错误。

近朱者赤，近墨者黑——比喻接近好人可以使人变好，接近坏人可以使人变坏。指客观环境对人有很大影响。

经一事，长一智——亲身经历了某件事情，就能增长关于这方面的知识。

惊天地，泣鬼神——使天地为之震惊，使鬼神为之哭泣。

精诚所至，金石为开——人的诚心所到，能感动天地，使金石为之开裂。比喻只要专心诚意去做，什么疑难问题都能解决。

九鼎不足为重——形容说话有分量，比较起来九鼎也不算重。

居移气，养移体——指地位和环境可以改变人的气质，奉养可以改变人的体质。

鞠躬尽瘁，死而后已——鞠躬：弯着身子，表示恭敬、谨慎；尽瘁：竭尽劳苦；已：停止。指勤勤恳恳，竭尽心力，到死为止。

举如鸿毛，取如拾遗——举一根羽毛，拾一件东西。比喻事情容易做，不费气力。

涓涓不壅，终为江河——壅：堵塞。细小的水流如果不堵塞，终将汇合成为大江大河。比喻对细小或刚刚萌芽的问题不加注意或纠正，就会酿成大的问题。

决胜于千里之外——坐镇指挥千里之外的战局。形容将帅雄才大略，指挥若定。

君子一言，快马一鞭——比喻一言为定，决不反悔。

君子之交淡如水——交：交情。贤者之间的交情，平淡如水，不尚虚华。

看菜吃饭，量体裁衣——量体：用尺量身材的大小长短。裁：裁剪。比喻根据具体情况办事。

靠山吃山，靠水吃水——比喻自己所在的地方有什么条件，就依靠什么条件生活。

苛政猛于虎——政：政治。指残酷压迫剥削人民的政治比老虎还要可怕。

可望而不可即（及）——即：接近。能望见，但达不到或不能接近。常比喻目前还不能实现的事物。

来而不往非礼也——表示对别人施加于自己的行动将做出反应。

来世不可待——对于未来的事，不可期望等待。

来者不善，善者不来——来的不怀善意，有善意的不会来。

礼轻情意重——礼物虽然很轻，但情意却很深厚。

鲤鱼跳龙门——古代传说黄河鲤鱼跳过龙门，就会变化成龙。比喻中举、升官等飞黄腾达之事。也比喻逆流前进，奋发向上。

立于不败之地——立于：处在。使自己处在不会失败的地位。

烈火见真金——真金是不怕烈火烧的，所以只有在烈火中才能鉴别出是不是真金。比喻在关键时刻最能考验人。

烈士暮年，壮心不已——烈士：志向远大的英雄。已：停止，衰减。英雄到了晚年，壮志雄心并不衰减。

裂冠毁冕，拔本塞源——冕：古代王侯卿大夫所戴的礼帽；本：树根。原比喻诸侯背弃礼法，侵犯天子的直接领地。后用作臣下推翻国君，夺取王位的代称。

菱角磨做鸡头——比喻困难大，波折多。

流水不腐，户枢不蠹（dù）——腐：臭；枢：门轴；蠹：蛀。流动的水不会发臭，经常转动的门轴不会腐烂。比喻经常运动，生命力才能持久，才有旺盛的活力。

流言止于智者——没有根据的话，传到有头脑的人那里就不能再流传了。形容谣言经不起分析。

留得青山在，不愁没柴烧——比喻只要基础或根本还存在，暂时遭受损失或挫折无伤大体。

路遥知马力，日久见人心——路途遥远才能知道马的气力大小，日子长了才能看出人心的好坏。

吕端大事不糊涂——喻指办事坚持原则。亦指在大是大非面前保持清醒的头脑。

落花有意，流水无情——比喻这一方面有情，那一方面无意（多指男女恋爱）。

麻雀虽小，五脏俱全——比喻事物体积或规模虽小，具备的内容却很齐全。

满招损，谦受益——自满会招致损失，谦虚可以得到益处。

眉头一皱，计上心来——形容略一思考，猛然想出了一个主意。

靡不有初，鲜克有终——靡：无；初：开始；鲜：少；克：能。事情都有个开头，但很少能到终了。多用以告诫人们为人做事要善始善终。

民以食为天——天：比喻赖以生存的最重要的东西。人民以粮食为自己生活所系。指民食的重要。

敏于事，慎于言——敏：奋勉，慎：小心。办事勤勉，说话谨慎。

名不正，言不顺——指名分不正或名实不符。

磨刀不误砍柴工——磨刀花费时间，但不耽误砍柴。比喻事先充分做好准备，就能使工作加快。

磨而不磷，涅而不缁（zī）——磨了以后不变薄，染了以后不变黑。比喻意志坚定的人不会受环境的影响。

谋事在人，成事在天——意思是自己已经尽力而为，至于能否达到目的，那就要看时运如何了。

牡丹虽好，全仗绿叶扶持——比喻人不管有多大能耐，总得有人在旁协助。

同生死，共存亡——形容彼此间利害一致，生死与共。

同声相应，同气相求——同类的事物相互感应。指志趣、意见相同的人互相响应，自然地结合在一起。

难于上青天——比上天还难。形容极其困难，不易实现。

宁为玉碎，不为瓦全——宁做玉器被打碎，不做瓦器而保全。比喻宁愿为正义事业牺牲，不愿丧失气节，苟且偷生。

平时不烧香，急来抱佛脚——原比喻平时不往来，遇有急难才去恳求。后多指平时没有准备，临时慌忙应付。

棋高一着，缚手缚脚——本指棋艺，后比喻技术高人一头，对方就无法施展本领。

千里之堤，溃于蚁穴——堤：堤坝；溃：崩溃；蚁穴：蚂蚁洞。一个小小的蚂蚁洞，可以使千里长堤溃决。比喻小事不慎将酿成大祸。

千里之行，始于足下——走一千里路，是从迈第一步开始的。比喻事情的成功，是从小到大逐渐积累起来的。

牵一发而动全身——比喻动极小的部分就会影响全局。

前人栽树，后人乘凉——比喻前人为后人造福。

前事不忘，后事之师——师：借鉴。记取从前的经验教训，作为以后工作的借鉴。

桥归桥，路归路——比喻互不相干的事应该严格区分开来。

巧妇难为无米之炊——即使是聪明能干的妇女，没米也做不出饭来。比喻做事缺少必要条件，很难做成。

擒贼先擒王——指作战要先抓主要敌手。也比喻做事首先要抓关键。

青出于蓝而胜于蓝——青色从蓝草中提炼出来，但颜色比蓝草更深。

情人眼里出西施——比喻由于有感情，觉得对方无一处不美。

秋风扫落叶——秋天的大风把落叶一扫而光。比喻强大的力量迅速而轻易地把腐朽衰败的事物扫除光。

求大同，存小异——在大的、主要的方面取得一致，而对某些小的、次要的问题可以各自保留不同的意见。

求马于唐肆——到空无所有的市集去买马。比喻求非所求，必无所获。

求人不如求己——央求别人，不如自己努力。

取之不尽，用之不竭——竭：尽，完。拿不完，用不尽。形容非常丰富。

拳不离手，曲不离口——练武的人应该经常练，唱歌的人应该经常唱。比喻只有勤学苦练，才能使功夫纯熟。

拳头上立得人，胳膊上走得马——比喻为人清白，作风正派，过得硬。

群起而攻之——大家都起来攻击它，反对它。

热锅上的蚂蚁——形容心里烦躁、焦急，坐立不安的样子。

人不犯我，我不犯人——犯：侵犯。别人不侵犯我，我也不侵犯别人。

人不可貌相——不能只根据相貌、外表判断一个人。

人而无信，不知其可——信：信用；其：那；可：可以，行。一个人不讲信用，真不知道怎么能行。指人不讲信用是不行的。

人非圣贤，孰能无过——指一般人犯错误是难免的。

人逢喜事精神爽——人遇到喜庆之事则心情舒畅。

人间重晚晴——原指人们珍视晚晴天气，后多用以比喻社会上尊重德高望重的老前辈。

人生何处不相逢——指人与人分手后总是有机会再见面的。

人生七十古来稀——稀：稀少。七十岁高龄的人从古以来就不多见。指得享高寿不易。

人生如朝露——朝露：早晨的露水，比喻存在的时间短。比喻人生短促。

人同此心，心同此理——指合情合理的事，大家想法都会相同。

人无远虑，必有近忧——虑：考虑；忧：忧愁。人没有长远的考虑，一定会出现眼前的忧患。表示看事做事应该有远大的眼光，周密的考虑。

人心齐，泰山移——只要大家一心，就能发挥出极大的力量。

人之将死，其言也善——人到临死，他说的话是真心话，是善意的。

仁者见仁，智者见智——仁者见它说是仁，智者见它说是智。比喻对同一个问题，不同的人从不同的立场或角度有不同的看法。

日计不足，岁计有余——每天算下来没有多少，一年算下来就很多了。比喻积少成多。也比喻凡事只要持之以恒，就能有很大收获。

日久见人心——日子长了，就可以看出一个人的为人怎样。

日月经天，江河行地——太阳和月亮每天经过天空，江河永远流经大地。比喻人或事物的永恒、伟大。

如人饮水，冷暖自知——泛指自己经历的事，自己知道甘苦。

如入无人之境——境：地方。像到了没有人的地方。比喻打仗节节胜利，没有遇到抵抗。

如闻其声，如见其人——像听到他的声音，像见到他本人一样。形容对人物的刻画和描写非常生动逼真。

乳犊不怕虎——比喻年轻人没有畏惧。

瑞雪兆丰年——瑞：吉利的。适时的冬雪预示着来年是丰收之年。

若要人不知，除非己莫为——要想人家不知道，除非自己不去做。指干了坏事终究要暴露。

三寸不烂之舌——比喻能说会辩的口才。

三个臭皮匠，赛过诸葛亮——比喻人多智慧多，有事请经过大家商量，就能商量出一个好办法来。

三过其门而不入——原是夏禹治水的故事，后比喻热心工作，因公忘私。

三句话不离本行——行：行当，职业。指人的言语离不开他所从事的职业范围。

三人行，必有我师——三个人一起走路，其中必定有人可以作为我的老师。指应该不耻下问，虚心向别人学习。

三十六计（策），走为上计（策）——原指无力抵抗敌人，以逃走为上策。指事情已经到了无可奈何的地步，没有别的好办法，只能出走。

三十年河东，三十年河西——三十年前风水在河的东面，而三十年后却在河的西面。比喻世事变化，盛衰无常。

三思而后行——三：再三，表示多次。指经过反复考虑，然后再去做。

三月不知肉味——三个月之内吃肉不觉得有味道。比喻集中注意力于某一事物而忘记了其他事情。也借用来形容几个月不吃肉。

三折肱为良医——几次断臂，就能懂得医治断臂的方法。后比喻对某事阅历多，富有经验，造诣精深。

上天无路，入地无门——形容无路可走的窘迫处境。

少壮不努力，老大徒伤悲——年轻力壮的时候不奋发图强，到了老年，悲伤也没用了。

身后识方干——比喻一个人才，生前无人赏识，死后才被重视。

神而明之，存乎其人——要真正明白某一事物的奥妙，在于各人的领会。

神龙见首不见尾——原是谈诗的神韵，后比喻人的行踪诡秘，刚一露面又不见了。也比喻言辞闪烁，使人捉摸不透。

胜败乃兵家常事——胜利或失败是带兵作战的人常遇到的事情。意思是不要把偶然一次的胜利或失败看得太重。

胜不骄，败不馁——胜了不骄傲，败了不灰心。

胜读十年书——胜：超过。超过苦读十年书的收获。形容思想上收益极大。

失败为成功之母——失败往往是成功的先导。指从失败中吸取教训，最后取得胜利。

失之东隅（yú），收之桑榆——东隅：东方日出处，指早晨；桑榆：指日落处，也指日暮。比喻开始在这一方面失败了，最后在另一方面取得胜利。

失之毫厘，谬以千里——毫、厘：两种极小的长度单位。开始稍微有一点差错，结果会造成很大的错误。

十年树木，百年树人——树：培植，培养。比喻培养人才是长久之计。也表示培养人才很不容易。

十日一水，五日一石——比喻作画构思精密，不轻易下笔。

十万八千里——形容相距极远。

识时务者为俊杰——意思是能认清时代潮流的，是聪明能干的人。只有认清时代潮流，才能成为出色的人物。

士别三日，当刮目相待——指别人已有进步，不能再用老眼光去看他。

世上无难事，只怕有心人——指只要肯下决心去做，任何困难都能克服。

事实胜于雄辩——事情的真实情况比雄辩更有说服力。

是可忍，孰不可忍——是：这个；孰：那个。如果这个都可以容忍，还有什么不可容忍的呢？意思是绝不能容忍。

守如处女，出如脱兔——处女：未嫁的女子；脱兔：逃跑的兔子。指军队未行动时象未出嫁的姑娘那样持重；一行动就像飞跑的兔子那样敏捷。

树欲静而风不止——树想要静下来，风却不停地刮着。原比喻事情不能如人的心愿。现也比喻阶级斗争不以人们的意志为转移。

水可载舟，亦可覆舟——比喻在平时要想到可能发生的困难和危险。

水至清则无鱼——水太清，鱼就存不住身，对人要求太苛刻，就没有人能当他的伙伴。比喻过分计较人的小缺点，就不能团结人。

说时迟，那时快——小说中的常用套语。意指事情发生的速度不是记叙速度所能跟得上的。

司马昭之心，路人皆知——路人：路上的人，指所有的人。比喻人所共知的野心。

四海之内皆兄弟——世界各国的人民都像兄弟一样。

他乡遇故知——在远离家乡的地方碰到了老朋友。指使人高兴的事。

踏破铁鞋无觅处，得来全不费工夫——比喻急需的东西费了很大的力气找不到，却在无意中得到了。

螳螂捕蝉，黄雀在后——螳螂正要捉蝉，不知黄雀在它后面正要吃它。比喻目光短浅，只想到算计别人，没想到别人在算计他。

桃李不言，下自成蹊——原意是桃树不招引人，但因它有花和果实，人们在它下面走来走去，走成了一条小路。比喻人只要真诚、忠实，就能感动别人。

天网恢恢，疏而不漏——意思是天道公平，作恶就要受惩罚，它看起来似乎很不周密，但最终不会放过一个坏人。比喻作恶的人逃脱不了国法的惩处。

天下无难事，只要肯登攀——指只要有志向，有毅力，没有什么办不到的事情。

天下兴亡，匹夫有责——国家的兴盛或衰亡，每个普通人都有一份责任。

天有不测风云，人有旦夕祸福——不测：料想不到。比喻有些灾祸的发生事先是无法预料的。

铁杵（chǔ）磨成针——杵：舂米或捶衣用的棒。将铁棒磨成细针。比喻只要有恒心，肯努力，做任何事情都能成功。

听其言而观其行——听了他的话，还要看他的行动。指不要只听言论，还要看实际行动。

养兵千日，用兵一时——平时供养、训练军队，以便到关键时刻用兵打仗。指平时积蓄力量，在必要时一下用出来。

万变不离其宗——宗：宗旨、目的。尽管形式上变化多端，其本质或目的不变。

万事俱备，只欠东风——一切都准备好了，只差东风没有刮起来，不能放火。比喻什么都已准备好了，只差最后一个重要条件了。

文武之道，一张一弛——文、武：指周文王和周武王。意思是宽严相结合，是文王武王治理国家的方法。现用来比喻生活的松紧和工作的劳逸要合理安排。

无风不起浪——比喻事情发生，总有个原因。

无巧不成书——比喻事情十分凑巧。

无源之水，无本之木——源：水源；本：树根。没有源头的水，没有根的树。比喻没有基础的事物。

五十步笑百步——作战时后退了五十步的人讥笑后退了百步的人。比喻自已跟别人有同样的缺点错误，只是程度上轻一些，却毫无自知之明地去讥笑别人。

物以稀为贵——事物因稀少而觉得珍贵。

嬉笑怒骂，皆成文章——指不拘题材形式，任意发挥，皆成妙文。

夏虫不可以语冰——不能和生长在夏天的虫谈论冰。比喻时间局限人的见识。也比喻人的见识短浅。

相视而笑，莫逆于心——莫逆：彼此情投意合，非常相好。形容彼此间友谊深厚，无所违逆于心。

心有灵犀一点通——比喻恋爱着的男女双方心心相印。现多比喻双方对彼此的心思都能心领神会。

心有余而力不足——心里非常想做，但是力量不够。

学而时习之——学过的内容要经常复习它。

学然后知不足，教然后之困——学习之后，才知道自己的缺点；教学以后，才知道自己的知识贫乏。

学如不及，犹恐失之——学习好像追赶什么，总怕赶不上，赶上了又怕甩掉。形容学习勤奋，进取心强。又形容做其他事情的迫切心情。

迅雷不及掩耳——雷声来得非常快，连捂耳朵都来不及。比喻来势凶猛，使人来不及防备。

严于律己，宽以待人——对自己要求严格，待别人则很宽厚。

言必信，行必果——信：守信用；果：果断，坚决。说了就一定守信用，做事一定办到。

眼观四路，耳听八方——形容人机智灵活，遇事能多方观察分析。

燕雀安知鸿鹄之志——比喻平凡的人哪里知道英雄人物的志向。

一寸光阴一寸金——比喻时间十分宝贵。

一而再，再而三——再：第二次。一次又一次。

一夫当关，万夫莫开——意思是山势又高又险，一个人把着关口，一万个人也打不进来。形容地势十分险要。

一个巴掌拍不响——比喻事情不会是单方面引起的。

一个萝卜一个坑——比喻一个人有一个位置，没有多余。也形容做事踏实。

一朝被蛇咬，十年怕井绳——比喻在某件事情上吃过苦头，以后一碰到类似的事情就害怕。

一年之计在于春——要在一年（一天）开始时多做并做好工作，为全年（全天）的工作打好基础。

一日不见，如隔三秋——一天不见，就好像过了三年。形容思念的心情非常迫切。

一失足成千古恨——比喻一旦犯下严重错误或堕落，就成为终身的憾事。

一言既出，驷马难追——一句话说出了口，就是套上四匹马拉的车也难追上。指话说出口，就不能再收回，一定要算数。

疑人勿用，用人勿疑——怀疑的人就不要使用他，使用的人就不要怀疑他。指用人应充分信任。

英雄所见略同——所见：所见到的，指见解；略：大略，大致。英雄人物的见解基本相同。这是对意见相同的双方表示赞美的话。

有过之而无不及——过：超过；及：赶上。相比之下，只有超过而不会不如。

有其父必有其子——有什么样的父亲一定会有什么样的儿子。

有则改之，无则加勉——则：就；加：加以。对别人给自己指出的缺点错误，如果有，就改正，如果没有，就用来勉励自己。

有志不在年高——指年轻人只要有志向，成就不可限量，不在年纪大。也指只要有志向，岁数大了，也可以干出一番事业。

有志者事竟成——只要有决心，有毅力，事情终究会成功。

玉不琢，不成器——琢：雕。玉石不经雕琢，成不了器物。比喻人不受教育、不学习就不能有成就。

欲速则不达——速：快；达：达到。指过于性急图快，反而不能达到目的。

鹬蚌相争，渔翁得利——鹬：长嘴水鸟；蚌：有贝壳的软体动物。比喻双方争执不下，两败俱伤，让第三者占了便宜。

远亲不如近邻——指遇有急难，远道的亲戚就不如近旁的邻居那样能及时帮助。

远水解不了近渴——比喻慢的办法救不了急。

远在天边，近在眼前——形容寻找的人或物就在面前。

战无不胜，攻无不克——形容军队力量强大，百战百胜。或比喻做任何事情都能成功。

真金不怕火炼——比喻品质好、意志坚强的人经得起任何考验。

知无不言，言无不尽——知道的就说，要说就毫无保留。

只可意会，不可言传——只能用心去揣摩体会，没法用话具体地表达出来。指道理奥妙，难以说明。有时也指情况微妙，不便说明。

只要功夫深，铁杵磨成针——比喻只要有决心，肯下功夫，多么难的事也能做成功。

置之死地而后生——原指作战把军队布置在无法退却、只有战死的境地，兵士就会奋勇前进，杀敌取胜。后比喻事先断绝退路，就能下决心，取得成功。

众人拾柴火焰高——比喻人多力量大。

醉翁之意不在酒——原是作者自说在亭子里真意不在喝酒，而在于欣赏山里的风景。后用来表示本意不在此而在别的方面。